Desatando Tú Poder

MOVIÉNDOTE A TRAVÉS DEL TRAUMA DE LA TRAICIÓN DE LA PAREJA

Carol Juergensen Sheets ACSW, LCSW, CSAT, CCPS-C, PCC

Christine Turo-Shields ACSW, LCSW, LCAC

Traducido por *Sonia M. Agrinsoni*

SANO PRESS, LLC
CLAREMONT, CA

Primera edición en español

ISBN-13: 978-1-956620-07-8

DESCARGO DE RESPONSABILIDAD

Tabla de Contenido

FASE 2—TRABAJANDO A TRAVÉS DE LA IRA, EL DUELO Y EL LUTO, 102-167

FASE 3—RESTAURACIÓN DE TI MISMA, 168-191

Introducción

POR QUÉ ESTE TRABAJO CAMBIARA TU VIDA

*C*uando me pidieron que escribiera Desatando tu Poder, lo escribí para las mujeres con las que había trabajado específicamente y esas mujeres recibieron la información y declararon que había hecho cambios dramáticos en el sentido de sí mismas, su sentido de empoderamiento y en sus relaciones dentro de su familia.

Cuando Shann Davis me preguntó si me gustaría que se tradujera al español *Desatando tu poder: Moviéndote a través del trauma de la traición de la pareja*, me emocioné porque sé que el español es el segundo idioma más hablado en los Estados Unidos. Mientras pensaba en *Desatando tu poder* y en lo que podría ser diferente debido a las necesidades culturales de la población que habla español, me sentí un poco abrumada por la fase muy importante de la seguridad y la estabilización en la traición de la pareja.

En este libro, aprenderán que hay tres fases en la traición de la pareja. Para mis amigas/lectoras que hablan español, quiero que estén seguras mientras hacen este trabajo. Hay mucho machismo en muchas culturas que hablan español, pero especialmente donde a los hombres se les ha enseñado durante siglos a ser fuertes, a ser proveedores y a ser sexualmente activos tanto dentro como fuera del matrimonio. No es raro que algunos hombres dentro de estas culturas estén en muchas relaciones simultáneamente; y las costumbres culturales no sólo lo permiten, sino que animan a los hombres a que sean infieles a sus esposas. ¡Pero a muchas de estas esposas, esto les causa un gran trauma!

Si te estás tambaleando por el dolor de su traición y las muchas relaciones en las que ha estado involucrado, y te estás preguntando «¿es adicción al sexo o es cómo ha socializado para vivir su vida?», sin importar. Lo que sabemos es que esto hace mucho daño a las mujeres muy fieles y leales que aman al hombre que las sostiene y provee para ella y sus hijos.

Este libro realmente te ayudará a desarrollar un mejor sentido de ti misma. Pero quiero que tengas cuidado al practicar estos ejercicios. Es posible que debas evaluar si sería seguro practicar algunas de las habilidades, como la asertividad. Aunque la asertividad es una habilidad en la que aprendes a ser clara y directa sobre lo que piensas, necesitas y quieres, podría verse como una insubordinación a tu cónyuge y, como resultado, puede interpretar esto como una amenaza a su machismo. Si hay violencia doméstica en tu hogar, debes ser cautelosa y usar la seguridad primero antes de usar cualquiera de estos ejercicios.

Por ejemplo, las Naciones Unidas ha calificado a México como uno de los países más violentos para las mujeres en el mundo. La investigación muestra que el 66.1% de las mujeres en México, de 15 años o mayores, han experimentado algún tipo de violencia en su vida. La esperanza, al usar *Desatando tu poder*, es que te conozcas mejor a ti misma y conozcas tus fortalezas y tu propio valor. Esto significa que deberá tener cuidado al hacer este trabajo y encontrar un lugar privado para registrar tus pensamientos y sentimientos. Debes tener mucho cuidado con quién compartes tu trabajo. Queremos que decidas cuidadosamente en quién puedes confiar para que mantenga tu confidencialidad. Sabemos de qué no es raro que compartas tus posesiones y tu vida con todas las personas que forman parte de tu hogar. Por favor guarda este libro en un lugar privado para garantizar tu confidencialidad y tu seguridad. En otras palabras, reconocemos que si eres una mujer que vive en una familia numerosa, no tienes privacidad. Y somos conscientes de que, en tu familia, cada persona conoce toda la vida de cada persona que vive en tu hogar. Como les decimos a todos los compañeros en todos los países, es importante evaluar con quién pueden compartir su información, pero especialmente cuando las familias se caminan juntas, es -imperativo que evalúes si el trabajo que realiza en *Desatando tu poder* debe compartirse con los miembros de la familia. Nuevamente, si vive en un hogar donde podría ser abusada emocional o físicamente por tus sentimientos; tu seguridad tendrá que ser tu primera preocupación. Ten cuidado y no practiques ninguna habilidad de este libro con personas que no acepten tus sentimientos, pensamientos y creencias, o que puedan herirte por ello. Sabemos que puede haber miembros de la familia que no querrán que digas lo que piensas o la verdad, porque puede causar conflicto en tu círculo familiar.

Nuestro mayor deseo para ti es la esperanza, la seguridad, el apoderamiento y la comprensión a medida que realizas el importante trabajo en *Desatar tu poder: Moviéndote a través del trauma de la traición de tu pareja.*

*T*ú has pasado por la peor crisis de tu vida. Esto ha sido muy duro emocional, física, espiritualmente y en muchas otras maneras. A lo mejor has sufrido la severidad del dolor y todo lo que envuelve una traición descubierta, que sigue, o posiblemente una que se ha divulgada por completo. Tú ya has sobre pasado todo esto y te preguntas, ¿qué será lo que el futuro apremia para mí?

Independientemente de si se han quedado en sus matrimonios, en una separación o se han divorciado, sabes que hay algo dentro de ti que te dice que tienes que rehacer tu vida. Este libro de trabajo te ayudará en el caminar de la jornada de hacer un nuevo espacio en el encuentro de lo normal nuevamente. Te ayudará a reconocer la fuerza increíble que tienes, la cual has encontrado dentro de ti y te ha ayudado pasar a través del trauma que todo esto te ha causado.

A lo mejor te sentaste en el resentimiento de lo duro que ha sido esta jornada. Probablemente has lidiado o experimentado con la emoción de ira y lo que acompaña ese sentimiento y el preguntarte, ¿por qué esto te pasó a ti? Las parejas lamentablemente entienden lo que han tenido, lo que pensaban que tenían, lo que esperaban en el mirar hacia el futuro y la visión de ellos con sus parejas en crecer juntos hasta la vejez. Tú has suportado el impacto de que tu vida no era lo que parecía, y te has enfocado en tratar de entender en como esto te sucedió a ti.

Has hecho todo lo posible en educarse en la adicción sexual o en la problemática del comportamiento compulsivo. Esto ha tomado horas y horas de lectura tratando de entender esta adicción y ahora has realizado que él tenía una compulsión que no podía manejarse sin las herramientas necesarias para poder recuperarse de esta enfermedad devastadora.

Algunas de ustedes, han decidido quedarse en el matrimonio y poner todas las piezas juntas y han comprometido su vida a un cuadro totalmente diferente en cuanto a lo que pensaban que el futuro parecía ser. Puede que hayas evaluado que él no estaba dispuesto en hacer el trabajo difícil tan necesario para su recuperación y tú decidiste no estar dispuesta en poner tu vida en espera y estar en esta montaña rusa impulsada por sus inconsistencias y quizás su ignorancia en cuanto a lo que toma el mantener una buena recuperación. Independientemente, ¡tú te has dicho a ti misma que es tiempo de enfocarte en ti y has comprado esta guía para comenzar a reclamar tu vida y reenfocarte en TI!

Dentro de ti posees todo lo que necesitas para cambiar tu vida, pero comprensiblemente es posible que has sentido que el trauma que has experimentado te mantuvo enfocada en tu seguridad. Las respuestas de un trauma son tanto protectoras como inmovilizadoras.

Ellas envían ondas de choque a nuestro sistema nervioso las cuales nos mantienen atrapadas en pensamientos rumiantes que nos recuerdan los momentos sombríos una y otra vez. Te protegen porque te mantienen en estado hipervigilante asegurándote de que no seas engañada nuevamente.

Aunque el trauma puede ser protector, puede también alterar tu mentalidad, haciendo difícil el confiar en tu esposo, en ti misma y en el mundo alrededor tuyo. Te puede cambiar a nivel celular y evitar que avances y el encontrarte a ti misma otra vez. Tienes que trabajar a través del trauma para poder encontrar conexiones saludables que te acordarán que finalmente estás segura otra vez.

Este libro de trabajo te guiará por las etapas de la traición de tu pareja. Ahora que las cosas se han asentado y estás en un lugar más seguro en tu vida, lo más probable necesitas trabajar la tristeza, la ira y el dolor que normalmente vienen con la traición de la pareja. Este diario te ayudará a trabajar a través de las etapas de lamentación y duelo, para que puedas moverte a la nueva fase de tu vida que la llamamos la restauración de ti misma. Tú has pasado por mucho y sabemos que esta tragedia te ha transformado y te ha dado una fuerza diferente que estará contigo para siempre. También has desarrollado mucha resistencia y esta guía te ayudará a reconocerla y abrazarla. Tendrás más confianza y podrás entender el poder que tienes.

Como terapeutas, hemos encontrado algunos problemas predecibles que comúnmente evitan que las parejas reconozcan su propio valor, fuerza y poder. Las mujeres saben muy bien cómo cuidar a otros, pero muy frecuentemente carecen de la habilidad de cuidarse a ellas mismas o de pedir lo que necesitan emocionalmente. En todas las décadas que hemos trabajado con más de 2,000 grupos de mujeres y miles de mujeres individualmente, hemos desarrollados ciertos ejercicios para ayudar a las mujeres a desatar su poder personal y hacer los cambios necesarios para crear la vida que ellas merecen. Compartiremos estos ejercicios en las páginas que siguen. Estos ejercicios fueron creados específicamente para ayudar a las parejas a disminuir la dependencia de la recuperación de su cónyuge para ganar seguridad y estabilidad con el objetivo final de adquirir una buena salud mental. También mejorarán la terapia y el apoyo o entrenamiento individual o grupal que están recibiendo. Este diario ayudará a promover una autoestima saludable en la vida diaria. Esta jornada es terapéuticamente sólida y promueve el crecimiento personal y cambios. Te asombrarás de los avances que se producen cuando sientes tus emociones, identificas lo que tú quieres, y creas un sentido de autoconciencia que naturalmente activa las habilidades que hacen que tus sueños de vida se realicen.

Este libro de trabajo te enseñará habilidades creativas en cómo manejar la ira, promover la autoestima, la afirmación y cómo lidiar con problemas fundamentales de tu familia de origen que te llevará a las etapas progresivas de cambio. Hemos encontrado frecuentemente que los traumas de niñez o el abandono impiden que las mujeres conozcan y acepten su grandeza.

En este libro de trabajo aprenderás estrategias creativas y harás ejercicios que utilizan anclaje, visualización, psicodrama, reencuadre y meditación, así como las técnicas de Gestalt. Técnicas adicionales se extraen de la terapia narrativa, la terapia metafórica, la hipnoterapia y la terapia del arte. Estos enfoques se han utilizado como catalizadores para el cambio y funcionan cuando los trabajas. Al final del libro de trabajo, hacemos un esquema de algunos libros que les ayudarán un poco más en la jornada para el desarrollo personal.

Desafortunadamente, no hay muchos libros enfocados en el crecimiento postraumático para las parejas, por lo que recomendamos libros que les harán recordar que deben abrazar su fuerza indudable como mujer que ha experimentado un trauma. Ambas personalmente hemos leído estos libros, hecho el trabajo y siempre estamos atentos por oportunidades que lleven nuestras vidas a otro nivel. ¡Queremos esto para ustedes también y esperamos que encuentren en este libro de trabajo un lugar seguro para que se redescubran!

Por último, queremos darle gracias a Judith Hermann por su trabajo fundamental en las tres fases del trauma. Ella es una pionera en el campo del trauma y creadora del fundamento del modelo que Carol aprendió y ahora enseña a médicos y entrenadores en todo el mundo. APSAT - La Asociación de Especialistas en Tratamientos a Parejas con Adicción Sexual fue la organización original de entrenamiento sensible para las parejas, creada por la Dra. Bárbara Steffens, PhD., asegurándose que las parejas fueran tratadas desde la perspectiva del trauma. Ella y los miembros fundadores desarrollaron el Modelo Multidimensional para Trauma de Parejas, en el cual se abogó a utilizar la perspectiva de trauma en el tratamiento del impacto traumático de la adicción sexual en la pareja o cónyuge. Este modelo busca proporcionar una base sólida para ayudar a las parejas en su proceso de sanidad. Esto ha resultado en que el mundo clínico vea a las parejas como sobrevivientes de traumas, lo que ha provocado un cambio en las técnicas que usan las personas en la profesión de ayudar a sus clientes a navegar a través de su dolor.

APSATS es la principal organización sensible a las parejas que desarrolló el modelo MPTM que resultó en el mundo clínico ver a las parejas como sobrevivientes de trauma. ¡Esto ha provocado un giro en la perspectiva y las técnicas que ha cambiado en como los profesionales navegan a sus clientes a través de su dolor y su trauma!

Rompiendo las cadenas de la Traición de Pareja

LA ACTUACION DE EL NO ERA ACERCA DE TI

Es comprensible que las parejas se pregnten en cómo podrían haber sido parte de la ecuación del por qué su esposo eligió actuar sexualmente. Es muy común en la mayoría de las mujeres mirar hacia sus propias deficiencias y preguntarse en cómo ellas entran en la ecuación de la adicción sexual. Históricamente, las mujeres son notorias en tomarse la culpa y asumir responsabilidad por asuntos y emociones que no les pertenece.

> *Tú no tienes nada que ver con la adicción de tu esposo.*

Puede que haya habido problemas en tu matrimonio pero estos problemas matrimoniales no contribuyeron a la compulsividad de él. A lo mejor él los usó para racionalizar y justificar sus actos, pero un adicto sexual en una buena recuperación admitirá que siempre estuvo buscando razones para actuar y usarlas para sentirse bien en cuanto a lo que estaba haciendo en secreto y engaño. Te pedimos que recuerdes esto mientras haces los ejercicios de este libro. Has sido traumatizada y probablemente culpándote en lo que podría haber estado mal contigo. La verdad es que tú no eras una esposa perfecta (ninguna lo somos), pero no habían fallas lo suficientemente grandes como para haber contribuido a sus compulsiones.

A medida que desbloquees tanto el trauma como tu propia resiliencia haciendo estos ejercicios, esto cambiará la autoculpa que pudo haber ocurrido a culpar la adicción. Creemos que la autoconciencia adquirida al trabajar en este libro creará ideas ponderosas que te van a impulsar hacia adelante en la vida.

Ya que las mujeres con demasiada frecuencia anteponen las necesidades de los demás antes que las propias, ellas pierden el sentido de sus propios sentimientos, poder e identidad. Este diario te enseñará a desprenderte de la emoción intensa, lo que servirá para romper las cadenas de la traición de pareja. Y aunque sabemos que no eres una co-adicta o automáticamente una codependiente, reconocemos que las mujeres pueden poner naturalmente a los demás primero, ¡y por eso este diario requerirá que hagas el esfuerzo de redirigir tu sanidad y tu futuro enfocándote en ti!

Pueda que encuentres que hay temas predecibles en tu vida, incluyendo:

- Traición

- Abandono

- Trauma repetido

- Miedo al conflicto

- Baja autoestima y/o pobre identidad propia

- Falta de apoyo

- Incapacidad para expresar emociones

- Problemas de control

- Problemas de confianza

- Trauma de la infancia

    - Alcoholismo/adicción a las drogas de los padres

    - Ciclo de abuso (físico, sexual y/o emocional)

    - Criar a sus padres

    - Enredo

    - Padre o madre que sufría de adicción sexual y otras adicciones

    - Ausencia de padres/abandono/negligencia

    - Crianza con demasiada crítica

Claramente, esta no es una lista exhaustiva o de todo incluido, sin embargo, estos temas pueden presentarse repetidamente en tu vida. Hemos descubierto que no importa donde te encuentres en tu propia vida personal, los ejercicios de este diario te ayudarán a crecer y convertirte en una mujer más fuerte y poderosa. Desde que descubriste la traición, sin duda has estado en estado de shock, sin saber cómo navegar a través de este evento traumático. No sabes lo que es real y te preguntas en quién o en qué puedes confiar. Estos son sentimientos normales y es probable que necesites encontrar seguridad y estabilización en este momento.

La seguridad y la estabilidad es la primera etapa o fase que tienes que superar a medida que te recuperas y te encuentras de nuevo a ti misma.

La mayoría de los hombres no confiesan a su cónyuge que tienen un comportamiento compulsivo sexual problemático. En cambio, la esposa se entera o descubre como es que su esposo se ha estado comportando. Para muchas mujeres, una vez que han descubierto el engaño, comienzan a investigar lo que ocurrió, qué tan frecuentes fueron los sucesos y cuándo ocurrieron los eventos. Este proceso usualmente resulta en descubrir detalles brutales y estos detalles producen más respuestas traumáticas. El cerebro traumatizado envía mensajes al sistema límbico y todo tu cuerpo se afecta. Cuando una mujer descubre los detalles, entra en un estado de lucha, huida o congelación porque su amígdala se ha activado. La amígdala es la parte primordial del cerebro desarrollada para mantenerte a salvo. A medida que se procesan estos mensajes inseguros, el cingulado anterior se activa. Esto desencadena sentimientos de rechazo extremo y produce una avalancha de emociones. Su corteza prefrontal, la parte de toma de decisiones de su cerebro se desconecta, y usted no es capaz de pensar con claridad o tomar decisiones seguras. Es como si tu cerebro hubiera sido golpeado por un camión y ya no tienes la capacidad de saber lo que es real. Esta es la respuesta al trauma y acabas de experimentar lo que llamamos "cerebro de trauma". Necesitas encontrar seguridad y no estás seguro a dónde acudir. Afortunadamente, hay personas que han sido entrenadas para ayudarte a navegar a través de este trauma y ayudarte a encontrar seguridad y estabilización. Estos son compañeros sensibles y que entienden lo traumático que ha sido esto para ti. (Para encontrar un médico o entrenador sensible, vaya a la página de recursos de este libro).

Una vez que hayas encontrado los sistemas de apoyo adecuados, puedes comenzar a trabajar a través de los ejercicios de este libro para reforzar tu necesidad de seguridad.

Este libro de trabajo ha sido desarrollado para ayudarte a través de las tres etapas de la traición de la pareja. Se han dividido en tres fases e incluyen:

- Ejercicios que promueven la seguridad y la estabilización

- Ejercicios que trabajan a través de la ira, el dolor y el luto (de lo que tenías, lo que pensabas que tenías, lo que nunca tendrás y lo que esperabas tener)

- Ejercicios que crean restauración y crecimiento postraumático

Nuestra esperanza es que cuando llegues al otro lado de la traición de pareja, ya no te definas como una pareja traicionada. Te experimentarás a ti misma como una mujer fuerte y resistente que tiene sentido de confianza y conoce sus fuerzas.

Es por eso que hemos intercalado actividades para ayudarte a estabilizar tu identidad a medida que avanzas en la Fase 2: La ira, dolor y luto de la traición.

Ejercicios Personales para trabajar a través de la Traición de Pareja

IDENTIFICAR Y PROCESAR EL TRAUMA, PARA DESARROLLAR UN CRECIMIENTO POSTRAUMATICO

Una vez que hayas terminado este libro habrás aprendido a...

- Acceder a los recursos internos para encontrar seguridad y estabilización

- Reconocer tu propia ira comprensible y como usarla para hacer los cambios necesarios en tu vida

- Afligirte y hacer duelo por lo que tuviste, lo que pensaste que tenías, lo que nunca tendrás y lo que esperabas tener

- Procesar la traición de tu pareja

- Desarrollar habilidades de regulación y resolución para separarte de la ira de otras personas

- Identificar las cinco emociones principales (ira, tristeza, felicidad, miedo y soledad) para reducir la sensación de estar inundada y abrumada por innumerables sentimientos

- Procesar los sentimientos de una manera saludable y movilizar la fuerza y la energía necesarias para dirigir tu vida

- Afirmar y comunicar tus sentimientos y necesidades

- Utilizar las habilidades de volver a ser madre para maximizar tu propio potencial

- Desarrollar y abrazar tu propia identidad y singularidad como mujer

- Mejorar lo fuerte de tu carácter lo cual te da el poder para crear la vida que visualizas

- Disminuir el impacto y el control que la depresión y la ansiedad pueden tener en tu vida

- Disminuir la codependencia mientras aumentas tu cuidado personal

- Aumentar la capacidad de satisfacer tus propias necesidades personales

- Desarrollar un nuevo sentido de ti misma y una visión del futuro

- Encontrar tu propio sentido del crecimiento postraumático

Estos ejercicios fueron creados para hacerlos individualmente por ti misma, junto con un médico o entrenador "sensible a la pareja" que pueda apoyarte a través del trabajo, o con un grupo sensible a la pareja que se enfoque en la traición de la pareja.

Fase Una

EJERCICIOS QUE PROMUEVEN SEGURIDAD Y ESTABILIZACION

CAPÍTULO 1

Identifica tus fortalezas

DESARROLLANDO TU IDENTIDAD PERSONAL SEPARADA DE LA TRAICIÓN DE TU PAREJA

Desarrollando tú identidad personal separada de la traición de tu pareja

¡Eres mucho más de lo que te ha pasado a ti! Y durante meses y tal vez años, has estado operando a partir de eso a ser una pareja. Lo hiciste por seguridad y estabilización. Fue el deseo de sobrevivir que hay en ti el que tuvo que operar en eso. Pero ahora es el momento de mantenerte firme y recrear ese sentido de ti misma. ¡Es hora de que te concentres en quién eres y quién quieres ser!

A medida que haces tu trabajo, será útil crear un plan de tu visión para que sea realista, genuina y saludable de ti misma. Reconocemos que, como mujer que has experimentado un trauma, es posible que te resulte difícil identificar atributos positivos de ti misma. A menudo, las mujeres tienen una visión extremadamente distorsionada de sí mismas, la cual domina sus interacciones con los demás. Históricamente, no se ha motivado a las mujeres a verbalizar y reconocer sus propias fortalezas. Quiero que sepas que mientras completas estos ejercicios, no solo estás cambiando tu propio concepto personal, sino que estás comenzando a cambiar las actitudes y percepciones de las mujeres que seguirán tus pasos y el legado de las futuras generaciones de mujeres porque sin duda querrás compartir su trabajo con otras parejas que buscan apoyo.

LA DIFERENCIA ENTRE «¿QUÉ ES UNA PREJA? VS. ¿QUÉ ES UNA MUJER?»

El ejercicio «¿Qué es una pareja? vs. ¿Qué es una mujer?» el permite clarificar en cómo te ves a ti misma. Es una forma no intimidante de autodescubrimiento. En esta actividad, hemos generado muchos adjetivos (no incluye sustantivos o roles) que describen tanto a una mujer que ha experimentado una traición sexual como a una mujer que no ha experimentado traición. Estos adjetivos describen todas las cualidades que siempre has poseído. También encontrarás que estos atributos describen a tu madre, tu hermana, tu mejor amiga y otras mujeres que te han influenciado a lo largo de tu vida.

Desafortunadamente, una vez que ha ocurrido una traición, esto puede cambiar automáticamente la trayectoria de quién te crees como mujer. Muchas mujeres describen que no se sienten lo suficientemente buenas y dignas porque su esposo eligió a otra con quien romper sus votos y satisfacer su lujuria. Esto sacude tu identidad hasta la médula y crea una de las experiencias más mortales para la autoestima de uno. Puede te impulsa a compararte con otras mujeres, y otras experiencias. Esto puede robarte lo que tu pensabas de ti misma.

Este ejercicio te va a anima a evaluar en lo que tu creías que eras antes de la traición y quién eres hoy por causa de la traición.

¿QUÉ ES UN EJERCICIO DE PAREJA?

Nos gustaría que identifiques cómo te sientes hoy contigo misma y escojas palabras que describan la esencia de quién eres. Significa que tendrás que sentarte en silencio y reflexionar sobre cómo crees que has cambiado desde que experimentaste este trauma. Elige palabras que describan quién eres hoy.

- Piensa en las fortalezas positivas y negativas de tu personalidad que te describen   después de la traición.

- Personaliza el ejercicio preguntándote qué palabras usarías para describirte a ti misma.

- Si tu lista es principalmente negativa, piensa en cualquier palabra que describa a la sobreviviente que hay en ti, palabras que describan cómo has tenido que sobrevivir a través de estos días, meses o años después del descubrimiento.

- ¡Añade tantas palabras como se te ocurran y no te cuestiones a ti misma!

Aburrida Confiable

A MEDIDA QUE LEAS A TRAVÉS DE LA LISTA, CIRCULA LAS PALABRAS QUE TE DESCRIBAN COMO PAREJA.

Flexible Compasiva

OBSTINADA PODEROSA

EDUCADA Infeliz Auténtica

OBEDIENTE Intuitiva Abierta

EDIFICADORA CRUEL Cariñosa

Supersensitiva Inteligente GENEROSA

Diligente Amigable Empática

Alentadora Caótica ATRACTIVA

Juguetona

Patética EXIGENTE Sexual

Independiente Entusiasta

Persistente Creativa Aceptadora

Fuerte Comprensiva

espiritual Miserable

CONSISTENTE

Agradecida **Débil**

Aislada cansada **PEGAJOSA**

Escandalosa **Ruda** Depresiva

TACAÑA Inspiradora

IMPACIENTE *ENOJONA*

RESISTENTE **APASIONADA**

Esperanzada **Celosa**

Insegura **Ansiosa**

Asexual Quejambrosa

Gruñona Animadora

IMPULSIVA *SOLITARIA* **DURA**

Dependiente **pasiva**

Infeliz **fiel** Inefectiva

BRILLANTE Útil **ENVIDIOSA**

Amargada devota Sospechosa

AÑADE POR LO MENOS 10
O MAS ADJETIVOS

Si descubriste que circulaste primordialmente palabras negativas, te pedimos que revises la lista y escojas por lo menos de tres a cinco palabras adicionales que describan en lo que eres fuerte. Es muy común en mujeres que han pasado por la experiencia de la traición por su pareja sentirse maltratada y no lo suficientemente buena. Se preguntan en que fallaron y como es posible que esto les hubiera sucedido a ellas. Ellas internalizan sus creencias negativas y caminan alrededor de nuevas distorsiones cognitivas negativas que se impregnan en sus almas. Esto les hace dudar de ellas o dudar de las palabras positivas que ellas podrían haber atribuido antes del descubrimiento y por consecuencia ellas no quieren incluirlas en su lista.

Circula las palabras positivas, incluso si tu voz crítica te dice que no mereces "reclamarlas". Recuerda, que NO HABÍA nada y no hay nada malo en ti que haya causado su adicción. Todos tenemos defectos en nuestro carácter, pero tus defectos no tienen nada que ver con su adicción. Es hora de cambiar estas distorsiones. Este ejercicio te ayudará a examinar tus pensamientos y comenzar a cambiarlos.

No había nada y no hay nada malo en ti que haya causado su adicción. Todos tenemos defectos en nuestro carácter, pero tus defectos no tienen nada que ver con su adicción.

Después que hayas encerrado en un círculo los adjetivos que te describen como pareja y hayas añadido por lo menos diez adjetivos adicionales, completa las siguientes afirmaciones usando esos adjetivos. Limita tu selección de adjetivos a uno o dos por declaración. Las mujeres somos conocidas por fragmentarnos o fracturarnos a nosotras mismas y queremos que tengas una idea clara de cómo la traición puede haber afectado tu identidad.

El ejercicio «¿Qué es una pareja?» está diseñado para que te enfoques en tu identidad en el presente.

Como pareja,
Soy

_____

_____

_____

Como pareja,
No soy

_____

_____

_____

Como pareja en recuperación
Quiero ser

_____

_____

_____

¿Qué es una mujer? Ejercicio

Este ejercicio es para ilustrar que eres mucho más de lo que te sucedió. Ahora nos gustaría que identificaras cómo te sentías contigo misma **antes** de tu descubrimiento. Es posible que haya habido problemas en tu vida que te estaban causando estrés, pero es de esperar que estos factores estresantes no impidan tu capacidad para conocer tus fortalezas. Recuerda cómo era eso y elige palabras que describan la esencia de quién eras y quién sigues siendo. Significa que tendrás que sentarte en silencio y reflexionar sobre cómo eras antes del trauma y quien sigues siendo. Piensa en ti misma como una mujer joven, antes del matrimonio, antes de tener hijos, antes de ese primer, segundo o tercer trabajo. Escoge palabras que te describan **antes** de la traición.

- Piensa en las fortalezas positivas y negativas de tu personalidad que te describían antes de la traición.

- Personaliza el ejercicio preguntándote qué palabras usarías para describirte a ti misma.

- Si tu lista es principalmente negativa, piense en cualquier palabra que pueda describir a tu mejor amiga, hermana o compañeros de trabajo. A veces, cuando piensas en las fortalezas de una amiga, reconoces esas fortalezas en ti mismo.

- Añade tantas palabras como se te ocurran, ¡y no dudes de ti misma!

Aburrida Confiable

> A MEDIDA QUE LEAS A TRAVÉS DE LA LISTA, CIRCULA LAS PALABRAS QUE TE DESCRIBEN ANTES DE LA TRAICIÓN.

Flexible Compasiva

OBSTINADA **PODEROSA**

EDUCADA Infeliz Auténtica

OBEDIENTE Intuitiva Abierta

EDIFICADORA **CRUEL** Cariñosa

Supersensitiva Inteligente GENEROSA

Diligente **Amigable** Empática

Alentadora Caótica ATRACTIVA

Juguetona Patética **EXIGENTE** Sexual

Independiente Entusiasta

Persistente **Creativa** Aceptadora

Fuerte Comprensiva

espiritual **Miserable**

CONSISTENTE

Agradecida Débil

Aislada cansada PEGAJOSA

Escandalosa Ruda Depresiva

TACAÑA Inspiradora

IMPACIENTE Enojona

RESISTENTE APASIONADA

Esperanzada Celosa

Insegura Ansiosa

Asexual Quejambrosa

Gruñona Animadora

IMPULSIVA SOLITARIA DURA

Dependiente pasiva

Infeliz fiel Inefectiva

BRILLANTE Útil ENVIDIOSA

Amargada devota Sospechosa

AÑADE POR LO MENOS 10 O MAS ADJETIVOS

_____
_____
_____
_____
_____
_____
_____
_____
_____
_____
_____
_____
_____
_____

Si descubres que has circulado principalmente palabras negativas, te pedimos que revises la lista y elijas al menos de tres a cinco palabras adicionales que describan tus fortalezas. Circula las palabras positivas, incluso si tu voz crítica te dice que no mereces "reclamarlas". Todos tenemos cualidades positivas, por lo que es importante reconocerlas y hacerlas nuestra. Es hora de cambiar estas distorsiones y este ejercicio te ayudará a examinar tus pensamientos y comenzar a cambiarlos.

- Piensa en las fortalezas positivas y negativas que describen la personalidad de las mujeres.

- Personaliza este ejercicio preguntándote qué palabras usarías para describirte a ti misma.

- Añade a la lista cualquier adjetivo que describa a tu madre, hermana, mejor amiga, mentora, maestra, etcétera.

- Si tu lista es principalmente negativa, piensa en una mujer a la que admires y añade palabras positivas que la describan.

- Añade tantas palabras como se te ocurran, diviértete con ellas y ¡no dudes de ti misma!

A medida que leas la siguiente lista, circula las palabras que se apliquen a tu personalidad y describan tu carácter.

También te pedimos que agregues al menos otros diez adjetivos a tu lista.

Una vez que hayas circulado los adjetivos que te describen a ti mismo y hayas agregado al menos diez adjetivos adicionales, completa las siguientes afirmaciones usando esos adjetivos. Limita tu elección de adjetivos a sólo uno por afirmación. Las mujeres son conocidas por fragmentarse o fracturarse a sí mismas y este ejercicio está diseñado a enfocarte en tu identidad y recordar quién eras antes de la traición.

Como mujer,
Soy

Como mujer,
No Soy

CREA UNA META CON ESQUEMA

Ahora observa las diferencias entre las declaraciones "Como pareja" y "Como mujer" y pregúntate si estás lista para moverte a un lugar más estable donde puedas volver a enfocarte en ti misma y ser dueña de quién eres independientemente de lo que te sucedió. Lee las frases de "Como mujer" en voz alta para ver cómo se identifican contigo. La declaración final, "Como mujer, quiero ser..." ahora se convierte en tu visión de ti misma mientras continúas en tu camino de transformación personal. Te ayudará a restaurar tu sentido de seguridad y estabilidad porque te restaurará a TI.

Para anclar aún más este nuevo sentido de identidad, publica esta declaración en lugares muy visibles. También puedes descubrir que crear un collage o un letrero de visión que reforzará este autodescubrimiento. *En el Capítulo 2 aprenderás cómo crear un letrero de visión para comenzar a verte a ti misma saliendo de este trauma.

No subestimes el poder de tu tercera afirmación, que en realidad es una afirmación de quién quieres ser. Entrenar tu cerebro para que reconozca tus fortalezas es una herramienta poderosa para evocar cambio y la transformación personal. Si realmente te encuentras teniendo dificultades, puedes agregar las palabras «en el proceso de», ¡lo que infiere que eres un trabajo en progreso!

- «Como mujer, quiero ser fuerte», se convierte en...

  - «Como mujer, estoy en el proceso de ganar fuerza».

o

- «Como mujer, quiero ser asertiva», se convierte en...

  - «Como mujer, estoy en el proceso de ser asertiva».

Después de la traición de la pareja, las parejas a menudo no tienen claro lo que quieren en sus vidas. Además, es posible que no estés segura en qué metas trabajar. La afirmación final de la actividad «¿Qué es una mujer?» te permite ser dueña de lo que quieres trabajar en tu propio viaje personal.

Los siguientes ejemplos ilustran este punto:

- Como mujer, soy débil y dependiente.

- Como mujer, no soy poderosa.

- Como mujer, quiero ser fuerte.

Esto se convierte no sólo en tu ancla, tu visión, sino en una declaración de metas que explorarás a lo largo de este libro de trabajo. Al elevar esto a un despertar de conciencia, puedes proseguir activamente en la creación de la vida que deseas y mereces. Te ayudará a pasar a la tercera fase de restauración que automáticamente te coloca en un proceso de crecimiento postraumático.

Puede que no estés consciente de esto, pero estás articulando una meta de asertividad. Pregúntate: «¿Qué he aprendido sobre mí misma desde la traición y qué habilidades adicionales estoy aprendiendo para ser fuerte?» Lo más probable es que ser fuerte signifique ser clara y directa sobre tus necesidades y deseos, por lo que querrás trabajar en el desarrollo de esta habilidad mientras navega por este libro de trabajo.

El ancla antes mencionada te guiará a lo largo de este libro de ejercicios, pero, lo que es más importante, a lo largo de tu vida. Tu tema se reiterará a lo largo de tu viaje personal.

> *Desde el punto de vista terapéutico, este libro de ejercicios proporciona y crea muchas oportunidades para que vayas más allá de lo que crees sean tus limitaciones o debilidades. Te ayuda a ir más allá de la traición de la pareja.*

El siguiente paso es visualizar en qué quieres convertirte y cómo quieres cambiar en este momento de tu vida.

REENTRENA TU CEREBRO ADUEÑANDOTE DE TU PODER

El impacto de la traición sexual ha hecho que tu cerebro vaya muy acelerado. Como sabes, la amígdala entró en el estado de lucha, huida o congelación para protegerte. Tu centro emocional, el cíngulo anterior que regula tus emociones, entró en angustia y probablemente te haya inundado de emociones. Sentiste una profunda sensación de rechazo que hizo que tu sistema nervioso parasimpático se apagara. Los mensajes que se enviaron a la corteza prefrontal un estado tan hiperexcitado que su funcionamiento ejecutivo también se apagó, lo que dificultó el pensamiento y el tomar decisiones. Lo más probable es que hayas tenido problemas para participar en rutinas diarias como comer, dormir e higiene diaria. Afortunadamente, cuando las cosas comenzaron a calmarse y pudiste entender mejor lo que te sucedió, tu cerebro pudo volver a alinearse. A medida que continúes este viaje de autodescubrimiento, tendrás un mejor sentido de quién eres y qué quieres en la vida. Tendrás más confianza y un sentido más fuerte de ti misma.

Volver a entrenar a tu cerebro para ver tus atributos positivos requiere práctica. Puede ser un proceso emocionante el crear tu propia identidad para ser la mujer que estabas destinada a ser. Imagina que pudieras pintar un lienzo de lo que querías ser. Como pintora, tienes la capacidad de usar una paleta de colores completa y varias texturas para mejorar tus fortalezas y retratarte como una mujer fuerte y poderosa.

Bueno, la verdad del asunto es que ya eres fuerte y creativa; ya eres inteligente y estratégica.   Tal vez simplemente te faltan los recordatorios que te volverán a entrenar el cerebro para creer en ti misma.

> *Este viaje requiere que vuelvas a entrenar tu cerebro para reconocer cómo has movilizado grandes fuerzas de este trauma. Para hacer esto, requiere que reentrenes tu autoconcepto reentrenando tu cerebro.*

USA TU INCONSCIENTE

El inconsciente es una herramienta muy poderosa y cuando experimenta una imagen visual repetidamente, se pone a toda marcha para hacer esa visión realidad. Desde la traición de la pareja, has tenido que enfrentar todos esos descubrimientos aterradores que ponen pensamientos e imágenes no saludables en tu cabeza. Después de experimentar un trauma, está la tendencia de mantenerte atrapada en el momento del descubrimiento y te mantendrá encerrada en un lugar que te mantiene temeroso de seguir adelante. Tendrás problemas para creer en ti mismo, creer que la relación pueda volver a ser real y creer que alguna vez tendrás el futuro que mereces, con o sin el adicto. Volver a entrenar tu cerebro cambiará automáticamente tanto tu inconsciente como tu subconsciente para encontrar oportunidades que te apoyen porque has reconocido la esencia de tu poder.

Realmente eres la creadora de tu vida y puedes crear la vida que mereces. Hacer que el inconsciente sea consciente requiere un esfuerzo constante de reconocimiento y conocimiento de tu fuerza interior.

¡En la página siguiente hay un ejercicio para comenzar el proceso y recordarte tu brillantez!

EL JUEGO DE NOMBRE

Use las letras de tu nombre para crear un visual de sus fortalezas en una hoja de papel o en la computadora. Si tienes dificultades para identificar palabras positivas, elige algunas de las enumeradas del ejercicio «¿Qué es una mujer?» que hayas completado anteriormente. Te hemos provisto con dos ejemplos.

Como mujer, soy, o como mujer, quiero ser:

C-COMPASSIONATE (COMPASIVA)

A—AWESOME (ASOMBROSA)

R-RESILIENT (RESILIENTE)

O—OPEN (AMBROSA)

L—LOVING (AMOROSA)

Este es el recordatorio visual de Carol.

C-CONNECTED (CONECTADA)

H-HOPEFUL (ESPERANZADA)

R-RESILIENT (RESILIENTE)

I-INTELLIGENT (INTELIGENTE)

S-SPIRITUAL (ESPIRITUAL)

T-THANKFUL (AGRADECIDA)

I-INTERDEPENDENT (INTERDEPENDIENTE)

N-NURTURING (EDIFICADORA)

E-ENCOURAGING (ALENTADORA)

Esta es la ayuda visual de Christine.

Añade una obra de arte a tu nombre, engrándale el frente y conviértela en una expresión de tu afirmación. Sé creativa y colócala en un lugar donde la veas a menudo para recordarte tu grandeza personal.

CAPÍTULO 2

Desarrolla tu Visión

RECURSOS Y ENSEÑANZAS DE LOS RUDIMENTOS A TRAVÉS DE LA TRAICIÓN

¿Qué Necesitas Para Auto Actualizarte?

La mayoría de las mujeres tienen sus agendas tan ocupadas que tienen muy poco tiempo para escuchar a su intuición, una práctica que puede guiarlas hacia una transformación profunda. Esto se ha agravado en gran medida por el trauma que has experimentado. No solo estás a toda marcha, sino que tu corteza prefrontal ha sido asaltada y es como si ya no tuvieras la capacidad de pensar con claridad.

Para complicar aún más las cosas, te pusieron en un estado de responder al estrés que te alejó de esta misión y te dejó luchando por comprender cómo pudo haber ocurrido la traición de tu pareja. Pasaste la mayor parte de tus momentos de vigilia pensando en ÉL y en la traición, dejándote exhausta y agotada. Para deshacer el daño hecho y aprovechar tu propósito, tu visión, debes encontrar tiempo diariamente para contemplar, meditar, reflexionar y respirar.

> *Es hora de centrarte en tu auto realización ¡Es una forma de acercarte a la restauración para que puedas recalibrar y encontrar a la mujer que estabas destinada a ser!*

Tal vez ya tengas una idea clara de las transformaciones que te gustaría ver en tu vida, o tal vez no estés segura qué dirección debes tomar. De cualquier manera, pasa unos momentos en reflexión tranquila para permitir que tu visión de ti misma salga a la superficie. Después de centrarte en ti, dedica un tiempo a escribir sobre tus pensamientos. El acto de escribirlo es el primer paso para hacer tus visiones una realidad.

Después de completar este ejercicio, una mujer se dio cuenta de que su vida estaba desequilibrada mientras hacía malabarismos con su agitada agenda y sus roles como madre, propietaria de un negocio y esposa. Antes del ejercicio, pensó que necesitaba ser más eficiente en su vida. Lo que aprendió del ejercicio fue que necesitaba más equilibrio para cuidar mejor de su persona. Se asombró de lo que su intuición le decía, cuando disminuyó la velocidad lo suficiente como para escuchar lo que había dentro.

Si la adicción al sexo no había entrado en tu vida, ¿qué dirección o camino estabas tomando para actualizar tu potencial y ser todo lo que podrías ser?

_____

_____

_____

_____

_____

Si esto no te hubiera sucedido a ti, ¿cuál sería tu visión de ti misma y tu vida?

_____

_____

_____

_____

_____

Ahora que esto te ha sucedido, ¿cómo podrías usarlo para crear una nueva visión?

_____

_____

_____

_____

_____

CREANDO MAS SEGURIDAD EN TU VIDA

Sacando algo de tiempo de tu agenda todos los días para meditar, contemplar y reflexionar te ayudará a tener más éxito con este ejercicio y a progresar hacia tu visión. Tenemos una meditación más adelante en el libro que puede ayudar a construir tu sentido de identidad y fortaleza. La meditación es fundamental para calmar el trauma que ha ocurrido a causa de la traición; puede ser una excelente manera de reducir la velocidad de tus pensamientos acelerados. Es una excelente herramienta para la enseñanza de los rudimentos y recursos.

Para desarrollar este hábito, considera lo siguiente:

- ¿A qué hora del día o de la noche le resulta mejor sentarse en silencio durante cinco a diez minutos en profunda reflexión?

- ¿Qué lugar puedes designar como tu lugar tranquilo o sagrado para meditar?

- ¿Qué apoyos puedes utilizar para darte un tiempo ininterrumpido?

CREA UN TABLERO DE VISIÓN PARA RECORDARTE A TI MISMA QUE ERES MAS QUE «LO QUE TE PASÓ»

TIENES EL PODER DE CREAR UNA NUEVA EXPERIENCIA

¡Conviértete en la arquitecta de tu vida! Comenzando con las palabras positivas que identificaste en el ejercicio «¿Qué es una mujer?», recorta imágenes, símbolos y palabras que reflejen y representen esos adjetivos. Imagina que pudieras diseñar tu vida visualmente creando un collage que abarque a la mujer que eres y/o a la mujer que quieres ser en el futuro.

Esto puede parecer difícil teniendo en cuenta la traición. Tu futuro puede parecer que ha sido contaminado ¡pero tienes el poder de cambiar eso! Tu restauración depende de tú ser capaz de crear una nueva visión que se centre en ti y en lo que te gustaría ver en tu propia salud mental y futuro. Piensa en los muchos sueños y metas que tienes para tu vida y busca imágenes que reflejen la vida que quieres para ti. Diviértete jugando con este proyecto e imagina que lo que creas el papel o la cartulina podría convertirse en tu realidad, ¡porque puede ser!

Un tablero de visión es una colección de imágenes y símbolos que representan lo que quieres en tu vida. Es como un collage o mapa de cómo imaginas tu destino.

¿Qué pondrías en tu tablero de visión? ¿Qué metas, aspiraciones y sueños tienes? ¿Te gustaría cambiar de trabajo o tener una mejor relación con tus hijos? ¿Esperas perdonar a tu pareja algún día, mejorar tu salud, bajar algo de peso, volverte más asertiva y directa, aumentar tu confianza en ti misma, dejar a un lado tu ira o perdonar a la iglesia que te culpó por las malas decisiones de él?

En un sentido muy visual, el tablero de visión representa lo que quieres atraer a tu vida. Comienza por encontrar imágenes de relaciones saludables, mujeres fuertes y seguras de sí mismas, actividades que promuevan el ejercicio físico, etcétera.

Este ejercicio ayudará a aclararte, ya que te muestra las posibilidades de tu vida hacia delante: cómo va a ser diferente con tu nuevo enfoque y tu nueva dirección. Cuando has sido traumatizada, puede ser difícil creer que alguna vez podrías ver las posibilidades para tu futuro. Sabemos que el trauma te impide imaginar tu futuro. Este ejercicio es una herramienta medible para comenzar lentamente el proceso de diseñar tu nueva vida después de la traición. A medida que veas tus fotos, tendrás la comprensible creencia limitante que dice: «Nunca podré volver a sonreír», o «Nunca podré lograr la cohesión de familia en mi futuro» o «nunca podré sentirme segura o protegida de nuevo». Esta representación visual de lo que quieres se convierte en el vehículo para diseñar tu propia vida. ¡No subestimes el poder de tu visión!

Toma una variedad de revistas, saca tus tijeras y pegamento o cinta adhesiva, ¡y crea ese tablero de visión! Para empezar, te animamos a que utilices el espacio del libro para comenzar, pero puede que te resulte más efectivo utilizar una cartulina grande. Cuando termines, colócalo en un lugar donde puedas verlo regularmente. ¡Entonces da un paso atrás y observa cómo trabaja su magia!

Es posible que te preguntes cómo una obra de arte podría tener un impacto real en tu vida. El tablero de visión te brinda la oportunidad de volver a entrenar el cerebro y visualizar la diferencia en su vida. Te recuerda las posibilidades. ¡Ayuda a crear una vida que ya no se centra en la traición, sino que se centra en quién eres TÚ y qué quieres para tu futuro!

¡PEGA TU TABLERO DE VISIÓN AQUÍ!

FORTALECIENDO TU AUTOESTIMA

A medida que continúes tu viaje, considera si te ves a ti misma como alguien que tiene una alta o baja autoestima. Sabemos que tu autoestima se vio altamente afectada por la traición y el trauma. Sin embargo, no tienes por qué ser definida por eso. Todas las caminatas espirituales sostienen que tu sufrimiento puede conducir a una gran transformación, lo que resulta en la autorrealización, lo que crea propósito y visión. Tu NUNCA hubieras pedido este trauma, pero puede ayudarte a crecer y aprender de él. Los ejercicios en este libro pueden ayudarte a aumentar la autoestima sin importar dónde te veas en este momento. Si históricamente has tenido baja autoestima, es posible que debas dedicar un tiempo significativo a este capítulo.

> *Todas las caminatas espirituales sostienen que tu sufrimiento puede conducir a una gran transformación, lo que resulta en la autorrealización, lo que crea propósito y visión.*

Para algunas mujeres que han sido traumatizadas, la baja autoestima puede haberse originado en la niñez. Puede ser el resultado de cómo fue criada e invalidado cuando era niña. Tal vez viviste con un padre alcohólico, viste a tus padres pasar por un divorcio horrible o fuiste abusada sexualmente cuando eras niña. Es posible que hayas experimentado un trastorno de estrés postraumático, sintiendo una sensación generalizada de inseguridad sobre tu entorno y sobre ti misma.

Esto, junto con el hecho de que tu cónyuge vivía una vida secreta de la que no sabías nada, creó la sensación de que no podías confiar en la persona que más amabas y en la vida que pensabas que los dos habían creado juntos. Todo lo que conocías era una mentira, preguntándote por qué Dios habría permitido que esto te sucediera. Tu sentido existencial del mundo te ha dejado preguntándote con qué puedes contar y cómo puedes volver a depender de algo o de cualquier persona. ¡No es de extrañar que no te sientas segura!

Estás aprendiendo en este libro que no puedes cambiar tu pasado... ¡Pero puedes elegir construir sobre tus fortalezas y contar contigo! Y a medida que lo hagas, te darás cuenta de que el mundo NO te hizo esto; en cambio, el mundo permitía que tu esposo participara en una actividad que se volvió compulsiva. Las enseñanzas espirituales permiten a las personas tener autodeterminación. Esto significó que tu esposo se volvió vulnerable a una adicción que lo derribó y le robó su sentido de identidad, seguridad e intuición. La adicción hizo eso, ¡no el mundo!

La buena noticia es que estás reconstruyendo tu autoestima y que, como adulto, puedes sanar de los errores que te sucedieron en el pasado. Aunque se necesita trabajo, disciplina y una creencia positiva de que vales la pena para aumentar la autoestima, ¡esto es **ALCANZABLE**!

SÉ AMABLE CONTIGO MISMA

La declaración número uno que hacen las mujeres cuando su autoestima ha sido agredida es: "No soy lo suficientemente buena".

Echemos un vistazo a los primeros recuerdos que pueden haber contribuido a la baja autoestima de la infancia. (Si tu infancia fue sólida y saludable, puedes saltarte esta parte). Sin embargo, te animamos a que hagas una lista de algunos mensajes negativos que puedas haber recibido, incluso si tuviste una infancia positiva.

¿Ocurrió esto por primera vez en tu infancia? ¿Recibiste o experimentaste muchos mensajes negativos cuando eras niña? Esto puede haberte dejado sintiéndote impotente y "menos que". Tal vez tus padres te desanimaban o te decían que no podías lograr ciertas cosas en tu vida. Igual de insidioso, es posible que uno o ambos no hayan estado emocionalmente disponibles para ti. A menudo, los padres no estaban presentes para validarte o identificar tus fortalezas. Esto generalmente sucedía cuando uno de los padres era alcohólico u otro tipo de abusador: un adicto al trabajo, un traidor o un narcisista, por nombrar algunos. Puede ser difícil para una niña desarrollar una autoestima positiva frente a esa realidad.

Dedica algún tiempo en las próximas páginas a escribir sobre los mensajes que recibiste cuando eras niña y cómo esto te robó tu sentido de ti misma.

¿Cómo surgió la baja autoestima en tu infancia?

_____

_____

_____

_____

_____

¿Qué mensajes negativos recibiste cuando eras niña?

_____

_____

_____

_____

_____

¿Cómo te desanimaron tus padres?

_____

_____

_____

_____

_____

¿En qué manera tus padres no estaban disponibles?

_____

_____

_____

_____

_____

Como pareja que avanza hacia el crecimiento postraumático, debes identificar tus fortalezas y recordarte a ti misma su propio potencial. Esto puede parecer como lo siguiente:

- Recuérdate a ti misma diariamente tus propias fortalezas internas. Esto significa mirarte en el espejo y decirse que estás segura de ti misma, que eres capaz, de buen corazón, inteligente, intuitiva y amorosa.

- Haz declaraciones suaves que te animen a establecer límites, a afirmarte o a dar el siguiente paso.

- Practica haciéndote afirmaciones como de un padre ideal que te habría dicho mientras crecías.

Estos son algunos ejemplos de cómo puede decir:

- "Sé que no quieres imponer los límites, pero mereces tener seguridad. Y si él no quiere o no puede cumplir lo que necesitas, ¡vas a tener que mantenerte firme y cumplirlo por ti misma!"

- "Sé que no sientes que puedes pedir la promoción, pero realmente estás lista para esta asignación y harías un excelente trabajo al realizar tus nuevas obligaciones laborales."

- "Sé que tienes miedo de salir con alguien desde tu desagradable divorcio, pero tienes mucho que ofrecer a otra persona y necesitas practicar divertirte con otros hombres para que puedas empezar a confiar de nuevo".

La autocompasión es la práctica de hablarte a ti misma como un padre ideal o una amiga querida. Te recuerda que debes ser más amable y gentil contigo misma y afirmar que tienes el coraje de tomar los riesgos necesarios para tener las experiencias que mereces. Haber experimentado una traición sexual significa que debes redoblar el uso del diálogo interno enriquecedor y esforzarte por reconocer cualquier factor estresante y abogar por TI. Hay muchas pérdidas que erosionan nuestra autoestima: pérdidas como la imposibilidad de ir a la universidad, el divorcio, las relaciones rotas, las condiciones de salud crónicas o la muerte de un hijo.

En este tipo de situaciones, es importante ser tu mejor animadora. Este podría verse como lo siguiente:

- Acabas de enterarse de otro escenario de mal comportamiento que ocurrió en la historia de tu cónyuge. Sabes que esto no significa necesariamente que él se esté portando mal ahora, sino que requiere que te reorientes al aquí y al ahora y te reajustes de acuerdo con el presente. Te dices a ti misma que estás a salvo en este momento y respiras profundamente y te mueves a través de la provocación.

- Está de camino a casa del trabajo y recibes una multa por exceso de velocidad. En lugar de decirte a ti misma que eres estúpida, poco observadora y una que todo lo haces mal, te dices a ti misma que esta fue una buena lección de vida para recordarte que debes reducir la velocidad y que tal vez esto te salvó de un accidente si hubieras seguido acelerando.

- Tu esposo le pide el divorcio. Te sientes rechazada, triste e inútil. Te preguntas, ¿qué hiciste para causar su rechazo? Comienzas a preguntarte por qué no eras digna de su amor.

  Luego te reorientas y te recuerdas a ti misma que su adicción no tenía nada que ver contigo. Él está muy enfermo en este momento y nada puede romper las cadenas de su enfermedad ensimismada (arraizada). La adicción le ha robado su buen juicio y si no te quiere, entonces ES mejor que te deje ir para que puedas encontrar el amor que te mereces.

  Es posible que aún no estés allí, pero eventualmente te recordarás a ti misma que puedes crecer a partir de esta situación y descubrir por qué, en última instancia, estarás mejor soltera. Podrías decirte a ti mismo que esto te dará la oportunidad de aprender más sobre ti misma, pasar más tiempo con los niños y explorar lo que realmente quieres en la vida. Si él no va a reparar la situación, tendrás que seguir mirando hacia adentro y empezar a buscar a otros que te ayuden a sanar.

Puede sonar poco realista, pero tus pensamientos y tu diálogo interno «funcionan si los trabajas». Lo importante es practicar las habilidades con regularidad para que se conviertan en una parte natural de tus mecanismos de afrontamiento y te impulsen a sentirte bien de ti misma sin importar las circunstancias. Conviértete en tu propia animadora...¡Tu autoestima te lo agradecerá!

Tus pensamientos y tu diálogo interno «funcionan si tú los trabajas». Lo importante es practicar las habilidades con regularidad para que se conviertan en una parte natural de tus mecanismos de afrontamiento y te impulsen a sentirte bien contigo misma sin importar las circunstancias.

Los siguientes ejercicios te ayudarán a mejorar aún más tu identidad personal, aumentar tu autoestima y te permitirán procesar problemas centrales o mejorar tu imagen corporal.

ERES más fuerte de lo que PIENSAS

CAPÍTULO 3

Aumenta tu resistencia

ENCONTRANDO TU FUERZA EN MEDIO DE LA CRISIS

Desarrolla el Arte de la Resistencia Personal

Cuando las parejas están tratando de encontrar seguridad y estabilizarse, no es raro que se queden atascadas o atrapadas por su traición, repitiendo continuamente las situaciones o sentimientos negativos que les sucedieron. Al tratar de encajar las piezas, repiten los detalles y los hechos una y otra vez, lo que es extenuante y agotador, lo que hace que el futuro parezca menos esperanzador. Si esto te suena como tú, es tiempo de recuperar tu poder y buscar tu resistencia personal. Recuerda que la resistencia es el objetivo de la Fase 3-Restauración. La restauración o crecimiento postraumático es un proceso, y comienza en la Fase 1, por lo que requiere que seas dueña de tus pensamientos y de tu historia. Esto significa que no debes quedarte en las creencias negativas que pueden acompañar a la traición.

Puede ser un desafío ver que las luchas del pasado realmente permitan los regalos de hoy. Las parejas pueden resistirse a esto porque no quieren de ninguna manera legitimar lo que se les han hecho. ¡Pero no solo eres una sobreviviente, sino que también eres una triunfadora! Sólo necesitas recuperar tu energía y encontrarte a ti misma de nuevo. No te engañes a ti misma por no reconocer tus fortalezas y habilidades de supervivencia. Es importante que las parejas reconozcan que los obstáculos a los que se han enfrentado en el pasado han contribuido positivamente a las mujeres que son hoy.

Encontrarás un propósito como resultado de esta traición y caos. Tomemos a Oprah como ejemplo; Al celebrar la apertura de su escuela de liderazgo para niñas en Sudáfrica, pudo reconocer que la visión de esta escuela era la culminación de todas las experiencias de su vida, incluyendo la de haber sido abusada sexualmente, violada y crecer en la pobreza.

> *Encontrarás un propósito como resultado de esta traición y caos.*

Una de las habilidades más importantes que una mujer puede dominar es la resistencia. Cuando desarrolles resistencia, podrás ver algunas cosas poderosas que han salido de esta horrible experiencia.

La resistencia es la capacidad de recuperarse de las dificultades o la capacidad de ver lo positivo en cualquier situación. Debemos ser capaces de ver que somos la suma de todas nuestras experiencias de la vida: buenas y malas, alegres y tristes, que hemos alcanzado una cierta sabiduría de todas estas circunstancias.

Parte de tu autoexploración será aprender nuevas habilidades que te enseñarán sobre tu propia fuerza interior que resultó de la traición de tu pareja. Tómate un tiempo para pensar en cómo las circunstancias de tu vida te han convertido en la mujer que eres hoy.

Mirar hacia atrás te permite reconocer y abrazar tu historia, o como preferimos llamarla, tu "historia de ella". ¿Qué dificultades has tenido en tu vida? ¿A qué obstáculos te has enfrentado? ¿Con qué demonios te has enfrentado? ¿Cuál es tu "historia de ella"?

Para este próximo ejercicio, hemos proporcionado una serie de preguntas para responder antes de escribir tu "historia de ella". Están diseñados para ayudarte a identificar tu resistencia.

¿Cuáles son los momentos decisivos en mi vida?

¿Qué me enseñaron estas experiencias de la vida sobre quién soy?

¿Cómo he crecido más fuerte como resultado de estos eventos importantes de la vida?

¿Cómo he sido moldeada o estampada por mi infancia?

¿Cuáles son las lecciones de la vida que me han llevado a mi adultez?

¿Qué aprendí sobre mí misma a través de esas experiencias?

¿De qué manera esta traición me hace más fuerte?

¿Qué he aprendido sobre mis habilidades de afrontamiento gracias a ello?

¿Cómo podría querer ayudar a otros debido a mi trauma?

Asegúrate de incluir las lecciones que has aprendido, así como los eventos actuales de tu vida. Como resultado de escribir "su historia", una mujer se enteró de que su abuso sexual cuando era niña la había mantenido sintiéndose insegura, invisible y no digna. Había vivido toda su vida así y nunca sintió que tuviera voz. Cuando le sucedieron múltiples traiciones, reforzó su sensación de invisibilidad. Después de escribir "su historia", decidió recuperar su poder. Utilizó su frase "¿Qué es una mujer?", que era una declaración "Como mujer, quiero ser poderosa" y ella pensó en lo que necesitaría para sentirse poderosa. Reconoció que necesitaba límites con consecuencias para sentirse segura. Se dio cuenta de que tenía una voz, pero, en el pasado, había tenido demasiado miedo de usarla. Escribió algunas declaraciones asertivas que eran claras y directas y las practicó diligentemente en el espejo. Cuando estuvo lista, fue a un abogado, organizó su divorcio y luego se fue a casa e insistió en reunirse con su esposo para compartir sus límites. Ella le dijo que estaba cansada de su adicción, que había solicitado el divorcio e insistió en que fuera a un centro de tratamiento para la adicción al sexo. Le explicó que esta sería la primera de muchas peticiones que le haría y que, si él no cooperaba, buscaría el divorcio. ¡Ella le dijo que ya no viviría así!

Otra mujer contó "su historia" y se dio cuenta de que, como resultado de crecer con una madre adicta a la ira, en realidad había obtenido una capa de teflón que le permitió rechazar la hostilidad y las proyecciones de su esposo después de ser descubierto. Sabía que el comportamiento de él no se trataba de ella, y se opuso ferozmente a los intentos de él de culparla por su adicción. Cuando ella hizo este ejercicio, fue capaz de aceptar el regalo de teflón recibido de su madre en lugar de enfocarse en el dolor infligido por su madre.

ESCRIBE TU HISTORIA, TU "HISTORIA DE ELLA"

Tómate todo el tiempo que necesites para escribir la "historia de ella" de tu vida. Es posible que descubras que las palabras fluyen fácilmente en el papel, o puede que necesites dividirlas en segmentos de tu vida (como la infancia, la adolescencia, la adultez temprana, la edad mediana y los años de adultez).

MI HISTORIA PERSONAL DE ELLA

MI HISTORIA PERSONAL DE ELLA (cont.)

MI HISTORIA PERSONAL DE ELLA (cont.)

CAPÍTULO 4

Identificación de Sentimientos

DETÉN LA INUNCACIÓN DE SENTIMIENTOS ELIGIENDO EL SENTIMIENTO PRIMARIO

Tu Sentimiento Primario Puede Motivarte

¿Te sientes atrapada en la traición? ¿Tiene dificultades de apartarte del trauma y seguir delante? Puede ser que no hayas trabajado a través de los sentimientos de la traición. Posiblemente ellos te han inmovilizado y te hayan mantenido atada a él y al dolor. Tendrás muchas oportunidades para superar tu dolor y tu duelo en la Fase 2, pero primero debes ser astuta en saber sentir tu sentimiento primario.

Hagamos un chequeo y evaluemos tus sentimientos.

- ¿Te has dado suficiente tiempo para estar enojada o afligida por las pérdidas que esto te ha causado?

- ¿Hay áreas de tu vida que permanecen iguales a pesar de tu deseo de cambiar?

- ¿Te preguntas por qué no puedes superar los obstáculos y hacer tu vida diferente?

Tus emociones pueden ser lo que te está reteniéndote de convertirte en la mujer que realmente quieres ser. Para identificar tus sentimientos, es útil reducir las emociones a cinco sentimientos básicos:

- Ira

- Tristeza

- Felicidad

- Miedo

- Soledad

Es posible que prefieras identificar tus sentimientos con las siguientes palabras amigables para los niños:

- Enojada

- Triste

- Contenta

- Asustada

- Solitaria

Todas las emociones se pueden condensar en cualquiera de estos "famosos cinco sentimientos". La tarea difícil es determinar qué sentimiento es el predominante en ese momento. Es posible que estás consciente de que sientes varios sentimientos a la vez. A menudo, la sensación más incómodo para ti es el que tu evitas. Las mujeres típicamente suelen sentir y expresar tristeza cuando su sentimiento principal es en realidad la ira. Por otra parte, los hombres suelen expresar ira cuando el sentimiento incómodo es generalmente miedo o tristeza.

¿Dónde te sientes personalmente atascada? Tómate unos minutos y piensa en qué parte de la traición parece la más problemática?

¿Esto afecta tu sentido de seguridad? Si es así, ¿cómo te hace sentir eso?

_____

_____

_____

¿Esto te hace sentir indigna? ¿Cuál es el sentimiento primario que vinculas con la "indignidad"?

_____

_____

_____

¿Ha destrozado esto tu sentido del mundo? ¿Qué sentimiento evoca eso en ti?

_____

_____

_____

¿Qué sentimiento es el más abrumador cuando piensas en la traición?

_____

_____

_____

Los tres sentimientos que suelen impedir que las mujeres superen sus problemas son ira, miedo y tristeza. Es imperativo que identifiques cuál es el sentimiento que realmente te está inmovilizando. Hacer esto te motivará a cuidarte de manera diferente.

Estos son algunos ejemplos:

- Una mujer es traicionada cuando su esposo tiene múltiples aventuras. Ella se siente triste y deprimida por el engaño crónico y se queda sintiéndose inmovilizada porque está en agonía por tener que cambiar toda su vida; Sin embargo, cuando se sienta con los sentimientos, se da cuenta de que está enojada porque toda su vida va a tener que cambiar y no puede empezar a decidir qué es lo mejor para ella. Ella SABE que nunca podrá ser capaz de confiar en él.

  Esta mujer necesitaba sentir ira en lugar de tristeza. Le dio la adrenalina que necesitaba para empezar a trabajar en cómo iba a recuperarse de la traición. El quedarse atrapada en la tristeza le dejo la sensación de letargo. La mantuvo en el papel de víctima.

  Cuando se puso en contacto con su ira, comenzó a concentrarse en sí misma y apartó tiempo específicamente para mirar en lo que necesitaba si iba a ser madre soltera. Usó la ira para energizarse para cuidar mejor de su persona, lo que incluía actividades como jugar tenis y asistir a la iglesia con más regularidad.

- Una mujer ha perdido su casa debido a la irresponsabilidad económica de su esposo. Era tan adicto al gasto compulsivo como a sus actos fingidos. A sus 54 años, ella había trabajado toda su vida para tener un hogar, una familia y seguridad financiera, y ahora se daba cuenta de que toda su vida era mentira. Mientras se sentaba con sus sentimientos, descubrió que el miedo era su sentimiento primario. Le preocupaba el no poder recuperarse de la devastación financiera y comprendió que esto alteraría el estilo de vida de la familia. A medida que examinaba sus miedos, fue capaz de usar las técnicas de reconstruir su confianza y ver su vida de manera diferente. Ella decidió que se dedicaría a los bienes raíces y compraría propiedades de bajo costo. Ella trabajó su presupuesto y refinanció sus bienes, y dos años más tarde se volvió financieramente solvente, persiguiendo un sueño que se hizo realidad por determinación. Identificando su miedo le ayudó a darse cuenta de que podía hacerse cargo de sus propias finanzas y reconstruir su sentido de estabilidad financiera.

No dejes que tus sentimientos te confundan. Identifícalos y luego úsalos para impulsarte hacia la transformación que deseas.

¿Con qué situación te has encontrado y te has sentido personalmente abrumada?

_____

_____

_____

¿Cuál fue el sentimiento principal y cómo influyó en tus decisiones?

_____

_____

_____

¿Cómo podrías usar este sentimiento para motivarte a hacer algunos cambios necesarios?

_____

_____

_____

Chequeando los Sentimientos

Descubrimos que las parejas no sólo tienen la carga de tratar de averiguar qué les sucedió, sino que también la carga de cómo prevenir más eventos traumáticos. Esta hipervigilancia de mantenerse segura es agotadora e interfiere con la "higiene de la salud mental" normal de los sentimientos de uno.

Tradicionalmente, las mujeres están muy ocupadas y acostumbradas a realizar múltiples tareas la mayor parte de su día que terminan fragmentadas y se olvidan de chequear sus propias necesidades y deseos. Esto, junto con la traición de la pareja, requiere "un enfoque estructurado" para ponerse a sí mismas en primer lugar.

Los siguientes ejercicios te permitirán evaluar cómo te sientes y qué quieres, lo que te ayudará a dirigir tus energías hacia lo que es mejor para ti en tu vida diaria.

LA HERRAMIENTA DE CHEQUEAR TUS EMOCIONES DIARIAMENTE

Esta sencilla herramienta te permite tomarte un tiempo de tranquilidad y evaluar lo que quieres para el día. Esta sencilla herramienta te permite ponerte en primer lugar y decidir en cómo quieres vivir tu día y en qué dirección quieres tomar para el día. Es un ejercicio sencillo de auto empoderamiento. Nuestra creencia es que cuando te sintonizas en lo que necesitas, es más probable que tengas suficiente energía tanto para ti como para los demás. Sin embargo, la mayoría de las mujeres ocupadas requieren un tiempo regular para los chequeos. Una vez que hayan establecido la estructura y el tiempo para este proceso, lo usarán de manera intermitente cuando necesiten evaluar un problema o dilema en su día.

El "Chequeo de Emociones" a diario te permite:

- Estar en el momento

- Prestar atención a lo que está sucediendo dentro de ti

- Cuidarte a ti misma

- Deja ir todas las cosas de las que no tenías control. A pesar de que estas tratando de determinar lo que podrías controlar para mantenerte a salvo, puede ser liberador dejar de lado la necesidad de administrar todo de su paradero y actividades. Ahora que sabes lo que hizo, ¡él nunca podrá engañarte completamente de nuevo!

El "Chequeo de Emociones" es el vehículo que te permite esta oportunidad. Es importante que controles tus sentimientos y expectativas diariamente y que te animes a ser responsable de tu vida.

El formato es bastante sencillo y es lo que sigue en la página siguiente...

Chequeando los Sentimientos

AQUÍ Y AHORA, SIENTO (CIRCULA UNO):

ENOJADA   TRISTE   CONTENTA   ASUSTADA   SOLITARIA

LA RAZÓN POR LA QUE ME SIENTO ASÍ ES PORQUE:

¿QUÉ TENGO QUE HACER PARA CREAR MAS SEGURIDAD EMOCIONAL?

¿QUÉ TENGO QUE HACER PARA ESTABLECER LÍMITES MAS FUERTES?

NECESITO RECORDARME A MÍ MISMA QUE MI VIDA NO ES DEL TODO MALA. A PESAR DE LA TERRIBLE EXPERIENCIA, LO QUE APRECIO EN MI VIDA EN ESTE MOMENTO ES:

¿CÓMO PUEDO ENFRENTAR EL DÍA PARA SENTIRME MAS FUERTE?

¿QUÉ PUEDO NECESITAR SOLTAR PARA ESTAR PLENAMENTE PRESENTE?

COMO PAREJA EN RECUPERACIÓN, NECESITO RENUNCIAR AL CONTROL Y DEJAR EL SIGUIENTE COMPORTAMIENTO PARA TENER MAS ESPACIO PARA MÍ:

EL FORMATO DE REFLEXIÓN DE 24 HORAS

¡Elije un sentimiento principal para anotar en tu registro, incluso si estás experimentando todos los cinco sentimientos! Las mujeres ya están muy fragmentadas y toman muy poco tiempo en enfocar su atención en un solo asunto o sentimiento. Este ejercicio te proporciona una oportunidad de hacerlo. Si tu eres como la mayoría de las parejas, por lo general estás abrumada por una multitud de sentimientos. Es importante recordarte que las emociones caen en una de las cinco categorías de sentimientos.

Identificar tu sentimiento primario te permite concentrarte en una sola emoción. Cuando estás abrumada por las emociones, es más fácil quedar inmovilizada o paralizada por ellas.

> *Los detalles de la traición pueden pintar un cuadro y preparar un escenario, pero no son la esencia de la sanación y la transformación.*
> *¡Tú y tus sentimientos crean el cambio!*

La traición de la pareja ya te ha dejado muy fragmentada. Puede llevar mucho esfuerzo para que te sientas segura y, como resultado, puede agotarte el tener que tomar tiempo para enfocar tu atención en un tema o sentimiento que es predominante en tu vida. Los detalles de la traición pueden pintar un cuadro y preparar un escenario, pero no son la esencia de la sanación y la transformación. ¡Tú y tus sentimientos crean el cambio!

Escribir tus sentimientos puede ayudarte a conectarte en el "aquí y ahora", así también como recordarte gentilmente tu deseo de transformarte en la mujer que quieres llegar a ser, lo cual conduce a la restauración. Puede ser útil meditar sobre tu pasado veinticuatro horas para concentrarte mejor en los cambios que deseas realizar en tus próximas veinticuatro horas. Aquí hay otro formato que puedes usar para mantener tu conciencia en el presente.

24-Horas de Reflexión

AQUÍ Y EN ESTE MOMENTO, ME SIENTO (CIRCULA UNO):

ENOJADA   TRISTE   CONTENTA   ASUSTADA   SOLITARIA

UNA BREVE DESCRIPCIÓN DE LAS PASADAS 24 HORAS:

UNA COSA EN LA QUE ME ENFOCARÉ HOY PARA MEJORAR EL SENTIDO DE MI MISMA:

UNA COSA EN LA CUAL ESTOY DISPUESTA EN DEJAR IR HOY LA CUAL NO ESTA BAJO MI CONTROL:

EJEMPLO DE "24-HORAS DE REFLEXIÓN"

24-Horas de Reflexión

AQUÍ Y AHORA, ME SIENTO (MARQUE UNO):

(ENOJADA)   TRISTE   ALEGRE   CON MIEDO   SOLITARIA

Me siento enojada porque estoy leyendo literatura y escuchando grabaciones de traición mientras mi esposo está jugando al golf con sus amigos.

BREVE DESCRIPCIÓN DE LAS ÚLTIMAS 24 HORAS:

He estado muy cansada, ya que me he quedado despierta hasta tarde con el bebé y no he hecho nada por mí misma.

UNA COSA EN LA QUE ME CONCENTRARÉ HOY PARA MEJORAR EL SENTIDO DE MÍ MISMA:

Llamaré a Jill y le preguntaré si puede venir a mi casa para que yo pueda ir a hacer algunas cosas e ir al gimnasio para hacer algo de ejercicio.

UNA COSA QUE ESTOY DISPUESTA EN DEJAR IR HOY Y LA CUAL NO ESTA BAJO MI CONTROL:

Dejaré a un lado mi resentimiento hacia mi esposo por satisfacer sus necesidades y volver a reenfocarme en cuidar mejor de las mías. Me uniré al grupo de apoyo sobre la traición porque mi terapeuta me lo recomienda. Sigo resistiendo porque no tengo suficiente tiempo. ¡Pero me pondré a mí mismo en primer lugar y haré el tiempo de crear el apoyo que merezco!

CALENDARIO DE COLORES DE SENTIMIENTOS

Sabemos que los sentimientos no son ni buenos ni malos, simplemente son. Los colores también son ni buenos ni malos, simplemente son... así que añade un poco de color a tus sentimientos.

Asigna colores a tus sentimientos. Una mujer eligió:

- Ira: rojo

- Triste: azul

- Feliz: amarillo

- Miedo/ansiedad: verde

- Solitario: morado

Ahora te toca a ti. Es posible que fácilmente tenga colores en mente que representen tus sentimientos. Si no es así, cierra los ojos y piensa en una situación que te haya hecho sentir cada uno de los sentimientos aquí abajo. Deja que un color te venga a la mente y escríbelo. Recuerde que no hay una asignación de color correcta o incorrecta.

- Ira _____

- Tristeza _____

- Feliz _____

- Miedo/ansiedad _____

- Solitaria _____

Una vez que hayas identificado los colores de tus sentimientos, comienza a registrar tus sentimientos en el calendario de colores diariamente. Puedes optar por usar un calendario de papel o crear uno en tu computadora. Cada día, colorea en el espacio en el calendario para representar tu sentimiento del día. Puede ser que ese día te puedas sentir de un color sólido, o puedes dividir el espacio en diferentes colores representando los cambios que se producen en el día. Por ejemplo, es posible que te hayas sentido feliz (amarillo) en la mañana, pero triste (azul) durante el resto del día.

El calendario de colores proporciona una imagen rápida para examinar cómo te sientes, lo cual te permite honrar tus sentimientos, así como elegir lo que puedes hacer para satisfacer tus necesidades para trabajar a través de la ira, la tristeza, el miedo o la soledad que puedas estar sintiendo.

Cuando vinculas el color con el sentimiento, puedes aprender a manejar tus emociones de muchas maneras diferentes. Puedes practicar en cómo subir o bajar el volumen de tus sentimientos para que puedas navegar a través de ellos de una manera más efectiva. A pesar de lo que te han hecho a ti, tú también tienes la capacidad de afectar el cambio. Alterar un color en la mente crea cambios inconscientes y subconscientes que seguirán entrenando tu cerebro para estar menos traumatizada. Esta técnica se utiliza a menudo en la hipnosis. Visualizando disminuye la ansiedad y puede reducir la ansiedad en tu día.

Digamos que estás triste por tu aniversario porque tu aniversario ya no representa tus votos matrimoniales o tu conexión especial. Es un día difícil para ti y te sientes abrumada por tu tristeza. Imagínate, si quieres, que puedes respirar en el color que representa tu tristeza. A medida que respiras, puedes visualizar el color azul en cómo se vuelve más claro o más suave. Pregúntate qué podría contribuir el sentir menos triste. Tal vez sería reconocer que tu esposo está en recuperación. Tal vez lo sea pensar en tus increíbles hijos que nacieron de esta unión. Posiblemente sea reconociendo cuánto mejor te sientes a pesar del trauma original el cual puedes al mismo tiempo sentir. Muchas mujeres sienten que es útil decirles a sus maridos que están teniendo un día azul o un día verde. Lo creas o no, muchos maridos se reflejan en la asociación y comparten con sus esposas lo que ellos también están sintiendo, teniendo días azules o verdes. Solo recuerda que tu cerebro es una herramienta poderosa y las imágenes son una forma efectiva de cambiar tanto tus pensamientos y sentimientos como sentirte más cómoda con ellos.

MANEJANDO TUS PROVOCADORES DE LA TRAICIÓN

Los provocadores pueden ser externos o internos. Pueden ocurrir porque puede haber algo que te recordó la contaminación que ocurrió la última vez que tuviste el recuerdo de haber estado juntos y esa contaminación ha arruinado todos los momentos pasados que pensabas que eran especiales entre ustedes. Tal vez esto sea un provocador porque pasas por delante del hotel en el que él cometió el engañado, o un salón de masajes donde él se portaba mal. Sabes por qué tienes el provocador y te frustras porque sientes que toda tu vida ha sido desacreditada.

A veces, un provocador puede ocurrir de la nada. No entiendes por qué ha sucedido, pero te deja sintiéndote vulnerable, indefensa, asustada, atacada, fuera de control y confusa. Quieres darle sentido a tu vida, pero las cosas que te están pasando no te hacen sentido y lo peor de todo es que te hace sentir "loca". Los provocadores pueden ser iniciados por el inconsciente y podría ser un olor, un sabor, un toque, una imagen o un sonido que lo activa e impregna tu sentido de seguridad.

Los provocadores se sienten inmanejables y son como dagas para tu corazón. Ellos están atados a la traición pasada, a los traumas pasados y a los factores estresantes actuales de tu vida. Si tu cónyuge es inconsistente en sus promesas o hace algo que aumenta los comportamientos que recordaban su adicción, esto te catapultará en miedo y frenesí. Los provocadores secuestran tu cerebro, tus emociones y tu espíritu y te hacen preguntarte si alguna vez mejoraras.

Cuando buscas seguridad, debes encontrar formas de bajar la intensidad y la frecuencia para enfrentar mejor una señal que está vinculada al pasado.

Hay principalmente 3 formas de hacer frente a los provocadores. La primera es practicar conscientemente en cómo reducir la frecuencia y la intensidad del provocador y trabajar para prevenir su presencia.

La segunda es recordarte a ti misma que un provocador tiene que ver con el pasado y no con el presente. Diciéndote a ti misma que estás a salvo en el aquí y el ahora y que nada malo que te está pasando en este momento esto es una forma positiva de calmar tus miedos, reducir la velocidad tu cerebro, arraigarte y darte recursos n el presente. Entrenando a tu cerebro para que permanezca en el "aquí y ahora" aumentará la regulación emocional.

La tercera forma de manejar los provocadores es crear una red de personas confiables con las cuales puedas compartir tus emociones. Un terapeuta de trauma o un consejero sensible a la pareja, o un entrenador de apoyo trabajará contigo para practicar las herramientas en como calmar los provocadores.

Algunas veces, tu esposo podrá ayudarte con tus provocadores. En el libro de trabajo *Ayuda.A ella.A sanar.* escrito por Carol, hay una fórmula paso por paso que Dorit Reichental y Janice Caudill crearon para ayudar a las parejas en cómo superar los provocadores.

Este es el resumen del valioso trabajo que ofrecieron.

Dorit Reichental y Janice Caudill han ideado un protocolo para romper los provocadores para con tu cónyuge, lo que puede ayudarte a ti y a tu cónyuge a superar los efectos de los provocadores juntos. Básicamente, lo han dividido en 4 etapas, por lo que tu cónyuge puede responder inicialmente con lo siguiente:

AL ADICTO

1. Identifica lo que crees que estás notando con tu pareja en el aquí y el ahora. Luego pregúntate: "¿Estás provocada?" Entonces, valida lo que estás viendo, en la mayoría de los casos es el provocador. "Yo puedo ver que estás provocada" o, "tiene sentido para mí que estés provocada".

2. Ayúdela a mantenerse conectada en el aquí y el ahora orientándola hacia el presente Recuérdele que ella está a salvo y que nada malo le está sucediendo ahora.

3. Desintensifique la experiencia diciéndole algo enriquecedor y seguro. "No estoy haciendo nada ahora que te ponga en peligro". O "Ese es un provocador malo y sucedió cuando me estaba portando mal en el pasado. No me estoy portando mal ahora, así que recuerda que tú estás a segura y estoy aquí contigo".

4. En este paso puedes sentarte con ella e informarle lo que crees que estás viendo y eso puede ser un indicativo de que ha logrado manejar el provocador. Actuar como su espejo, le da una retroalimentación cuando parece que ella está co-regulando. ¡Han pasado a través del ciclo destructor del provocador juntos!

Dorit y Janice explican que cuando se produce un provocador, el lado izquierdo del cerebro se desconecta y las emociones y sentimientos de la pareja se sobrecargarán. Cuando esto sucede, el adicto al sexo puede ayudarla a autorregularse pasando por el proceso juntos.

La siguiente página contiene la hoja de trucos/engaños de Dorit y Janice lo que ellas llaman RCP, Relacional para la Adicción Sexual y Provocadores.

Destructores de Provocadores: RCP Relacional

4 PASOS PARA LA SEGURIDAD Y LA CORREGULACIÓN

Activación del Provocador:

- Provocador en la Pareja (PP): el lado izquierdo del cerebro se desconecta, el lado derecho del cerebro toma el control y el PP cae libre por el hoyo del conejo.

- Adicto al sexo (AS) debe meter la mano en el hoyo del conejo y guiar al PP de vuelta a la Ventana de Tolerancia lo antes posible.

- AS tiene todo el poder de ser el héroe que rescata al PP o deja que el PP continúe en caída libre por el hoyo del conejo.

Paso 1: Identificar el Provocador

1. **Aclaración:** Aclarar si el cónyuge está provocado.
   "Puedo ver X, Y, Z. ¿Estás provocada?"

2. **Responsabilidad:** NO defender, culpar, avergonzar, minimizar, invalidar, juzgar, criticar, debatir, obstruir, corregir con detalles irrelevantes, retirarte, escapar o proyectar ira.

3. **Validación:** Tan pronto como AS se da cuenta de que el cónyuge se desencadena, valida al PP.
   "Puedo ver lo asustada e insegura que estás, tengo que recordarte que…tiene sentido que te sientas provocada, asustada, enfadada, insegura, etc."

Paso 2: Orientar el aquí y el ahora

- AS le recuerda gentilmente a la PP que está a salvo, que no está pasando nada malo en este momento porque la pareja provocada no puede diferenciar entre pasado y presente.

  "No estoy haciendo nada ahora para ponerte en riesgo o en peligro; es un provocador muy malo, eso sucedió cuando me estaba portando mal. No me estoy portando mal ahora, estás a salvo y yo estoy aquí contigo".

Paso 3: Desintesificación, seguridad y estabilización mediante los Destructores de Provocadores

- ¿Qué debe decir y hacer un protector/apoyador AS en recuperación para ayudar al PP a regularse cuando anda en baja?

  A medida que el cerebro secuestrado vuelve a estar en línea, la AS se sintoniza empáticamente a su pareja y declara: "Puedo ver que esto fue un provocador realmente malo. Estás a salvo en este momento. Te cubro la espalda".

- ¿Qué debe decir y hacer la pareja protectora/apoyadora para ayudarse a sí mismo a regularse cuando anda en baja y está ahí con el PP?

Paso 4: Compromiso social

- ¿Cuáles son los signos somáticos, señales sensoriales que el provocador ha sido desactivado?

DESTRUCTORES DE PROVOCADORES RELACIONALES ADICIONALES

- Plan de eliminación de provocadores para manejar los provocadores predecibles

- Plan de eliminación de provocadores para neutralizar o manejar los provocadores alrededor de eventos especiales

- Estrategias de reenganche social: involucrando los 5 sentidos

Puede ser abrumador ser marginado por los provocadores. Hay muchas maneras en como tener una relación diferente con ellos, pero requiere algo de creatividad para cambiar en cómo te hacen sentir.

Imagina identificar tres provocadores comunes que pueden derribarte. Tal vez sea la fecha del descubrimiento, o el sonido de un mensaje de texto o su tardanza después del trabajo. Queremos que asignes visualmente una foto o una caricatura o una imagen visual del provocador. Si te provocan las fechas... dibuja un calendario al que le falte esa fecha específica. Si el sonido de los mensajes de texto te provoca porque viste el mensaje de texto de la aventura durante el descubrimiento, cambia el sonido del texto por algo que te haga sonreír. Cuando él llegue tarde de forma crónica, crea algunos boletos por su tardanza que te den derecho a un regalo de tu elección o un ramo de flores o un masaje sin sexo.

> **SABEMOS QUE NO PUEDES IMAGINAR TOMAR A LA LIGERA EL PROVOCADOR, PERO LA VERDAD ES QUE ESAS ASOCIACIONES SON DEL PASADO, NO DEL PRESENTE, Y TÚ PUEDES MANTENERLOS EN PERSPECTIVA CAMBIANDO EL SIGNIFICADO DE ELLOS.**

¿Qué diferente sería tu vida si aprendieras a manejar los provocadores en vez de que los provocadores te manejen a ti?

El cerebro es una herramienta poderosa y los provocadores del trauma se pueden organizar de manera tal que estés consciente de su presencia, pero ya no eres un rehén para ellos...Eso necesita creatividad para verlos de manera diferente.

EL MÉTODO DE PARAR (STOP)

Deepak Chopra comparte una poderosa técnica para detener los pensamientos no deseados llamado El Método de PARAR (STOP). La próxima vez que sientas un provocador, piensa:

- S = Para y se consiente del sentimiento.

- T = Respira profundamente tres veces y sonríe. Cuando sientas el provocador, lo ÚLTIMO que quieres hacer es sonreír. Después de la 3ª respiración, sonríe lo más grande que puedas. Luego, siente cómo la sonrisa revolotea desde tu boca hasta los dedos de tus pies.

- O = Observa cómo se siente el cuerpo al experimentar tu sonrisa revoloteando. La mente no puede sentir un provocador y una sonrisa al mismo tiempo.

- P = Procede con cuidado, compasión o bondad. Puedes hace algo agradable creando autocuidado o devolviéndole la llamada a una amiga, hornear galletas para los niños o pagando el peaje de la siguiente persona en la línea.

El Método de Parar no sólo interrumpirá los efectos del provocador, sino que también te mueve en avanzar en tu día.

Antes de descartar este efectivo ejercicio, pruébalo tres veces y nota el poderoso impacto que tiene en tu psique. No subestimes el poder de tus pensamientos para cambiar el efecto de cómo te afecta.

Otra forma en que puede manejar los provocadores sin la ayuda de una compañera o la persona de apoyo es intentar lo siguiente:

1. Identifica lo que crees que estás notando en tu propio cuerpo cuando estás en provocación y te dices a ti misma que tu objetivo principal es quedarte "en el aquí y el ahora". Entonces te preguntas: "¿Por qué estoy provocada?" Si no puedes identificar por qué estás provocada, date permiso para aceptarlo y vincularlo con el pasado y que tú estás en el presente.

2. Encuentra maneras de mantenerte conectada al aquí y ahora orientándote tú misma en el presente. Mira alrededor del cuarto y observa 3 cosas que te brindan consuelo. Tal vez sea un cuadro en la pared, la suavidad del edredón bajo tus manos, o la imagen de tu niño sonriendo. Recuérdate a ti misma que estás a salvo y que nada malo te está sucediendo en este momento.

3. Desescala la experiencia diciendo algo enriquecedor y seguro. "No estoy en peligro en este momento, este 'exacto' segundo, y nada está poniéndome en peligro".

4. En este paso puedes tomar de 3 a 5 respiraciones profundas y decirte a ti misma que estás trabajando a través del provocador que de alguna manera estaba "vinculado" a el pasado y que lo que puedes controlar es el momento presente, y en el momento presente, "estás segura". ¡Felicitaciones has pasado por el ciclo de los Destructores de Provocadores permaneciendo en el momento y siendo tu propia entrenadora!

CAPÍTULO 5

Responsabilidad e Integridad

TUS LÍMITES PERSONALES AYUDARAN A PROMOVER SE

Tu responsabilidad de comprobar tus valores

Lo que sabemos acerca de las personas es que, si cuidan de sus sentimientos, toman tiempo para vivir en el presente y se mantienen a cuentas en cuanto a algunos valores importantes de autocuidado, autorreflexión y límites personales, se sentirán más confiadas, con más seguridad y más capaces de suplir sus propias necesidades.

En primer lugar, es vital reconocer y sentir tus sentimientos, ¡pero debes saber que tú no eres tus sentimientos! Los sentimientos no son hechos. Son una profunda expresión de tus experiencias del pasado y el presente debido a las circunstancias, pero no son necesariamente hechos. Son inestables y pueden cambiar a diario o hasta cada hora.

La siguiente lista te ayudará a mantenerte a cuentas a ti misma y tratarte con integridad. Cuando te enfocas en ti misma, encontrarás que lo más importante es ser fiel a ti misma. Aunque suena sencillo, puede ser difícil comprometerte a escribir en tu diario todos los días. Este manual es un buen lugar para poner en práctica el ser auténticamente sincera y honesta sin temor de causar conflicto. Te permite ver de manera más profunda la mujer que eres así como la que deseas ser.

Observa la siguiente lista relacionada con el rendimiento de cuentas, la integridad y la comunicación. Encierra en un círculo las declaraciones que crees hacer bien. Después de marcar tus fortalezas con un círculo, regresa y pon un asterisco (*) junto a las áreas en las que deseas mejorar. Lo que sabemos con certeza es que entre que más pones en práctica estas técnicas en tu diario, será más probable que puedas honrar a mujer que eres y de comunicarte con autenticidad para establecer los límites y las consecuencias que quizás necesites para tratar con la infidelidad de un compañero.

GUÍA PARA RENDIMIENTO DE CUENTAS E INTEGRIDAD

- Toma responsabilidad por ti misma.

- Habla tu verdad.

- Haz una asesoría de tus comportamientos y determina si son de ayuda o dañinas para ti.

- Haz tu mejor esfuerzo.

- Date permiso de descansar, relajarte y buscar intencionalmente el autocuidado.

GUÍA PARA COMUNICACIÓN

Tendrás un mejor sentido de integridad si te comunicas honestamente con otros y usas los siguientes principios como guía para ser fiel a ti misma.

- **Practica el ser asertiva; usa tu voz.** Quizás te resulte poco natural al inicio el ser asertiva, pero entre que más pones en práctica esta habilidad, más fácil se te hará. La traición quizás te causó el ser más agresiva en tu manera de comunicarte. Ésta es una típica respuesta a la reacción de lucha causada por el trauma. Ser asertiva es ser clara y directa en cuanto a cómo te sientes, lo que necesitas y lo que crees. Hablaremos más acerca de ser asertiva en las próximas páginas.

- **Está atenta a tus sentimientos** y haz el esfuerzo de expresarlos. Puesto que el evitar tus sentimientos es algo tan arraigado, debes dar especial atención a lo que sientes y expresarte con declaraciones de sentimientos tales como «Me siento feliz» o «Siento temor». Esto quizás se sienta demasiado vulnerable. Requiere valor el compartir tus sentimientos, pero como dice Brené Brown: «Solo debes compartir tu vulnerabilidad con personas que se han ganado el privilegio». Si no te sientes segura en compartir tus sentimientos con la persona que te traicionó, tendrás que encontrar otras personas con las cuales puedes expresar tus sentimientos. Grupos de apoyo son un buen lugar para expresar tus emociones.

- **Vive en el aquí y ahora.** Haz énfasis en el presente. Entre que más puedas, enfócate en tus experiencias del aquí y el ahora. Esto puede ser un reto difícil debido al dolor del pasado. Pero, lo creas o no, tu fortaleza está en el presente y puedes mantenerte segura al vivir en el presente. Hay muchos estudios que muestran que las personas más felices y satisfechas son las que se mantienen en el presente. Mereces encontrar tu felicidad de nuevo. Nos decimos unas a otras: «No permitas que él te robe tu gozo».

- **Usa declaraciones personales de «yo».** En vez de usar frases como «nosotros» o «tú», habla por ti misma: «Me siento enojada».

- **Mientras haces autorreflexión, evita hacer preguntas.** Es natural estar en un estado de confusión en cuanto a cómo te sucedió esto o por qué te hizo esto. ¡Estás intentando comprender algo que no tiene sentido!

Es hasta que aprendes acerca de las adicciones que te das cuenta de que tú no tienes nada que ver con sus decisiones, sin embargo, sus decisiones afectan cada fibra de tu existencia. Haz tu mejor esfuerzo por evitar el «por qué». Preguntar ¿por qué? te lleva a analizar y muchas veces te aleja de tus emociones. Antes de hacer la pregunta ¿por qué?, considera la declaración que viene detrás de la pregunta y entonces exprésala como una declaración directa. Por ejemplo, en vez de preguntar: «¿Por qué siento que necesito más explicaciones de parte de él?», conviértelo en una declaración: «Esto es lo que necesito para sentirme segura con él».

Es hasta que aprendes acerca de las adicciones que te das cuenta que tú no tienes nada que ver con sus decisiones, sin embargo, sus decisiones afectan cada fibra de tu existencia.

- **Evita culparte a ti misma; sé descriptiva.** Describe lo que notas acerca de ti misma y está atenta a declaraciones de autocrítica. Si te encuentras juzgándote a ti misma, pon un alto y con ternura date permiso de hacer la observación de nuevo, pero dando lugar a las imperfecciones. Las mujeres a veces nos preguntamos qué podríamos haber hecho para evitar su comportamiento. Nos preguntamos por qué no fuimos lo suficiente buenas para mantenerlo en fidelidad. No pongas la culpa sobre ti misma. Quizás tu matrimonio no fue perfecto, pero no fue la razón por la cual se comportó de esta manera. Se amable contigo misma y acepta tus imperfecciones. Pero reconoce que tus fallas no contribuyeron a su adicción sexual. Por ejemplo, en vez de decir o escribir: «Siento que no fui lo suficientemente buena sexualmente», puedes decir: «¡Mi esposo tuvo compulsiones sexuales que no tuvieron nada que ver conmigo!».

MIENTRAS REALIZAS EL TRABAJO, RECUERDA:

- **Mantén la confidencialidad.** Guarda tu diario en un lugar seguro dónde estás confiada que nadie más la leerá sin tu permiso. Seguramente has visto sus materiales de recuperación para sentirte segura y entender por qué te sucedió esto. Sabes la tentación que hay en esto… por eso debes mantener tu diario en un lugar seguro.

- **Prepárate.** Después de descubrir la traición, es común el caminar por la vida en un estado medio-aturdido, inconsciente de tus necesidades o sentimientos. Transformar tu vida requiere el estar alerta y atenta. Prepárate para trabajar arduamente y ten entusiasmo acerca de los cambios que vas a hacer. ¡Mantén tu enfoque en ti misma!

- **Crea un ambiente de apoyo.** Somos seres sociales. No fuimos diseñadas para estar aisladas en nuestra vida – especialmente en tiempos de crisis. Tiene sentido que quisiste esconder esta traición y su adicción de los demás. Es muy importante encontrar gente de confianza con las que te sientes segura en compartir esta información para no sentirte tan aislada. Grupos de recuperación de la traición pueden ser de ayuda en compartir los detalles íntimos de la traición. Grupos de *12 pasos* también proveen apoyo gratuito. Haz un plan para crear una red de apoyo para asegurarte que tienes gente a tu alrededor que te podrán ser de ánimo.

¡ÉSTA ES TU VIDA!
¡Comprométete a hacer los cambios como si tu vida dependiera de ello!
¡La mejor manera de pronosticar tu futuro es crearlo!

CAPÍTULO 6

Conéctate con tu ser interior

LA MEDITACIÓN PROPORCIONA UN LUGAR SEGURO PARA CANALIZAR TU CONOCIMIENTO INTERIOR

Meditación Guiada

La meditación guiada es una manera de visualización que te permite experimentar tu propio proceso interno. Debido al trauma, puede resultar difícil tranquilizar nuestros cerebros y tomar tiempo para la reflexión. Tu complicada situación te robó el sentido de seguridad y te llevó a pensamientos acelerados y de pánico total. Esto puede ampliar tu ansiedad y enviarte hacia un espiral descendente. Las parejas se quejan de que quieren ponerle un alto a la rumiación que es el subproducto natural de ser provocado por la traición sexual.

Aunque parece imposible hacer algo como la meditación porque parece que tu mente nunca se calmará, esta práctica puede ser el antídoto que te ayudará a calmar tu cerebro y no ver las cosas tan catastróficamente. Creemos que la meditación te permite conectarte con tu intuición y tu relación con el poder supremo, el Dios del universo. Cuando tienes una conexión fuerte contigo misma y tu espíritu, tú eres más propensa a ser «inspirada en el espíritu» para ver el mundo de manera diferente y comportarte de manera diferente… con más confianza y certeza. Esto te permite crecer y aterrizar en el crecimiento postraumático.

Muchas parejas experimentan problemas que al comienzo tienen como raíz problemas de su infancia. Por medio de esta visualización intencional queremos llevarte a tu infancia para que puedas conectarte con tus emociones y desarrollar un sentir de esperanza que trae sanidad en tu jornada desde la infancia hasta la adultez donde fuiste herida por la traición de pareja.

Hemos creado esta meditación que te pondrá en contacto con problemas relacionados con la sexualidad, feminidad, depresión y la necesidad de apoyo. El mensaje claro e incrustado es este:

> **"¡Tu vida puede ser diferente, y puedes crear el apoyo que necesitas!"**

Quizás estás consciente de esta verdad y puedes vivir de acuerdo con ella inmediatamente, o quizás necesites tiempo para dolerte por lo que nunca tuviste de niña. Simplemente permite que el inconsciente imagine como tú puedes cuidar de ti en el presente y aprender de lo que no tuviste de niña. Muchas parejas que han experimentado la traición de su pareja también están pasando continuamente por el duelo del trauma debido a toda una vida de luchas. Esta meditación refuerza el poder dentro de todas las mujeres y el proceso intuitivo que posees para hacer los cambios necesarios en tu vida.

- Crea un ambiente en lo que te preparas para esta meditación.

- Encuentra un momento sin interrupciones en el cual puedes pasar diez a quince minutos aquietando tus pensamientos.

- Baja las luces, prende una vela o pon música suave de fondo.

- Lee la meditación de la página siguiente.

- Después cierra tus ojos y enfócate internamente, escucha en silencio lo que hay dentro de ti – ve las imágenes, las palabras, los sentimientos y los pensamientos que surgen mientras reflexionas en la meditación.

- A lo mejor escoges grabar la meditación, o pedirle un amigo o amiga que lo grabe para ti, ya que puede ser más relajado escuchar la voz de tu amigo o amiga guiándote en este viaje interior.

- Si tienes la tendencia de desasociarte, a lo mejor le podrías pedirle a tu terapeuta en asistirte en hacer esta meditación.

Nota especial para los compañeros mientras leen este libro: A medida que leas este libro, verás ejercicios que se enfocan en el desarrollo de habilidades y es posible que te preocupes que no sigan la doctrina de tu fe. Mientras miras la Meditación guiada en el Capítulo 6, recuerda que es una forma de oración para que revises tu vida desde la infancia en adelante. De hecho, es posible que desees decir una oración especial pidiendo comprensión y sanación de la meditación si personas te han hecho daño en tu pasado.

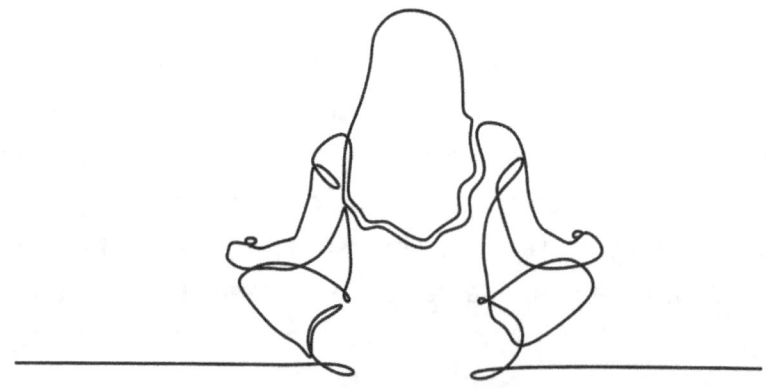

LA MEDITACIÓN

Esta es una oportunidad para que aquietes tus pensamientos y encuentres un lugar centrado en quietud que te permita conectar con toda tu sabiduría y tu conocimiento, aprovechando esta oportunidad para escuchar lo que hay en tu interior. Posiblemente te sentirás incomoda al principio por tantos pensamientos rumiando, pero mientras más practiques aquietar tu mente, más encontrarás la serenidad que te mereces.

Respira profundo varias veces e imagínate un color que tú puedas respirar que represente fuerza, amor y un suave conocimiento de que tienes todo lo que necesitas para manifestar todo lo que está en tu interior. El proceso femenino es un regalo increíble que te ha sido dado. El ser mujer te ha brindado el don especial del crecimiento, de intuición y de construir relaciones. Tienes la habilidad de estar en sintonía con las necesidades de otros, sin embargo, este es tu momento de escuchar las necesidades que hay dentro de ti para recargar y reponerte. ¿Cómo tu vida sería diferente si comenzaras a atender regularmente tus propias necesidades y deseos, y si te pusieras primero para que tuvieras más para dar regularmente? ¿En quién podrías convertirte?

Piensa hacia atrás en cómo era ser una joven adulta, una adolescente, una niña en la escuela, o tal vez una niña pequeña que estaba aprendiendo a dar su primer paso. Encuentra un lugar seguro para visitar cada una de estas etapas en tu increíble desarrollo. ¿Quién estuvo allí contigo? ¿Cómo era la persona y que hizo para asegurarte que eras perfecta tal como eras? Todos tenemos a alguien que ha sido esa persona especial…regresa a ese lugar en este momento y experimenta a esa persona y el apoyo que te brindó. ¿Cómo hubiera sido si hubieras recibido este aliento constantemente? ¿Qué podrías haber hecho?

¿Cómo habrías visto tu vida si te hubieran celebrado las diferentes etapas de tu vida de las experiencias que ocurrieron?

Imagínate que hubiera sucedido si tu familia celebrara el proceso femenino a medida que tu cuerpo comenzaba a cambiar y desarrollarse. Imagina que las personas instrumentales de tu vida estuvieron ahí para ti y te sacaron a celebrar el inicio de tu ciclo menstrual. ¿Cómo podría haber afectado eso a tu feminidad?

Cuando cumpliste dieciocho años, ¿qué eventos pasaron para formarte en la mujer que habías venido a ser? A pesar de que había mucho que aprender, ¿cómo te sentiste al reconocer y darte cuenta de que tenías decisiones que sólo tu podías tomar?

Y ahora que eres una mujer que has llegado a ser tu misma, ¿cómo podrías hacer las cosas diferentes para que puedas sentir los bien merecidos sentimientos de logro, contentamiento, amor propio? Esto puede parecer insuperable a base de la traición sexual que has experimentado, pero eres absolutamente capaz de reconocer lo fuerte que eres. A medida que avanzas en esta etapa contemplativa de la vida, ¿puedes ser el tipo de mujer que puede apoyarse y validarse a sí misma como lo haces con los demás? Porque la verdadera esencia de ser mujer requiere que te nutras con la misma atención que pones cuando cuidas a los demás.

¿Cómo podrías corregir algunas de las presiones que te has puesto a ti misma por no ser lo suficiente? ¿Puede que hayan habido momentos en los que no te hayas sentido (llena los espacios en blanco…atractiva, inteligente o lo suficientemente fuerte)_____en el pasado? Tú has pasado por mucho, pero es tiempo que te nutras y descubras tu brillantez. «Naciste para manifestar la gloria de Dios que está dentro de todos nosotros». ¿Qué pasaría si finalmente supieras que eres absolutamente perfecta tal como eres? Todas las cosas que has visto como imperfecciones son realmente las que te han ayudado a desarrollar el carácter de la mujer que eres hoy día. Si hay cosas de tu pasado que te han atormentado o entristecido, como mujer adulta tienes la capacidad de liberarlas de tu espíritu y seguir adelante en tu camino.

Y puede haber agravios que sientes que te han hecho y que no estás segura de poder liberarte de ellos nunca, y puedes entregarlos siempre que creas que te están deteniendo para ir hacia adelante.

Permítete la oportunidad de ser imperfecta y libera todo el dolor, la carga y la pena que has experimentado a causa de la adicción para que puedas verte con más amor propio y seguridad. Te puedes aceptar incondicionalmente y sonreír con un conocimiento gentil de que eres todo lo que estabas destinada a ser, que tu valor no depende de tus logros, ni requiere que tu legado sea conocido por todos. En cambio, tu brillantez se debe a que hiciste lo mejor que pudiste y las dificultades que has enfrentado son el resultado de las acciones de otras personas. Has hecho una diferencia en la vida de las personas que has amado. Ahora es hora de que te pongas a ti misma en primer lugar y realmente te concentres en el autocuidado intencional.

Acepta que eres suficiente, sin importar lo que haya ocurrido en tu vida. ¡Tú puedes ser la mujer que te has esforzado a ser porque tu enfoque ha cambiado y te estás poniendo en primer lugar!

Haz varias respiraciones profundas, inhalando la sensación de contentamiento y paz y exhalando los sentimientos que te abruman.

Respira la fuerza que está en lo más profundo y exhala los sentimientos abrumadores del día. Inhala la luz que siempre has tenido y exhala la oscuridad del día. A medida que comiences a regresar a este cuarto, este espacio, permítete comenzar a escuchar los sonidos exteriores a tu alrededor, los ruidos del cuarto, el sonido de tu propia respiración y cualquier otra cosa que ocurra fuera de tu espacio de meditación.

Te recomendamos hacer esta meditación en voz alta y que la grabes en tus mensajes para que puedas escucharla todos los días y ¡recordarte que eres poderosa sin medida! Siéntete con la libertad de cambiar y personalizar esto de cualquier manera que traiga más serenidad, seguridad en ti misma y amor.

Siéntete con la libertad de cambiar y personalizar esto de cualquier manera que traiga más serenidad, seguridad en ti misma y amor.

ESCRIBE EN TU DIARIO TUS PENSAMIENTOS DE LA MEDITACIÓN

Escribe tus pensamientos acerca de la meditación. ¿Qué estás motivada a sentir, a ver o a hacer? Quizás has sido animada a emplear algo que promueva un mejor autocuidado intencional. Pueda que te sientas impulsada a cambiar algo de ti o de tu entorno. Es posible que hayas obtenido nuevos conocimientos sobre tu dolor y/o tu recuperación. Dedica algo de tiempo a reflexionar sobre cómo esta meditación puede cambiarte.

Escribe aquí tus pensamientos.

_____

_____

_____

_____

_____

_____

_____

_____

_____

_____

_____

_____

_____

_____

_____

_____

_____

_____

_____

_____

_____

USA OBJETOS TRANSITORIOS PARA ANCLARTE

Quizás te has preguntado, «¿Cómo puedo obtener más confianza y seguridad en mí misma para ser la persona que quiero ser?» Hemos encontrado que es más fácil procesar mejor tu vida si tienes la estructura y el apoyo adecuados en tu vida.

Esto significa que necesitas organizar tu vida para darte el tiempo de escribir en tu diario con regularidad, encontrar tiempo de quietud para reflexionar, contemplar y crear un ambiente que te anime a cuidar de ti misma.

- ¿Estás escribiendo en tu diario con regularidad? Escribir en tu diario te ayuda a enfocarte en ti.

- ¿Tienes algún cuadro o foto que capta tu amor por la vida o tu energía?

- ¿Tienes algún imán para el refrigerador con algún dicho/citas o foto que te acuerda lo fuerte que eres?

OBJETOS DE TRANSICIÓN

Los objetos de transición te ayudarán a avanzar a través de las etapas del cambio. Te dan un sentir de seguridad y estabilidad. Te recuerdan de lo que fuiste, pero en especial te recuerdan de quién eres hoy o la mujer que estás llegando a ser.

- Una mujer compró un espejo nuevo y lo puso a la entrada de su casa para que al salir o entrar, podría verse al espejo y decirse una de estas cosas diariamente. Ella puede decir, «¡Vas a tener un excelente día hoy!», mientras sale de su casa. Ella dijo esto porque quería establecer su intención de que podría y encontraría cosas por las cuales debe estar agradecida en su diario vivir. Ella también decía: «¡No olvides que Dios te ama!» para recordarse que no estaba sola en su camino.

- Y cuando necesitaba un estímulo mental, se animaba a sí misma diciendo, «Te presentaste muy bien hoy e hiciste un buen trabajo».

Por eso te animamos a crear maneras de recordarte a ti misma que eres única y digna. Te animamos a que encuentres un objeto que represente la nueva mujer que eres o que estás llegando a ser.

Una mujer compró un crucifijo que le acordaba que podía mantener la fe. Otra mujer compró la escultura de una mujer con dos caras que reflejaba sus múltiples emociones. Otra mujer compró un vitral de colores para recordarle lo bello de la vida.

Quizás encuentres una pieza de arte que te recuerda de tu fuerza o un poema o un escrito que te dé honor a ti.

¡Recuerda incluir las cosas que has estado creando en este libro de trabajo! Puedes enmarcar la obra de arte «Juego de nombres» o poner tu pizarra de visión donde lo puedas ver, son buenos recordatorios del ejercicio «¿Qué es una mujer?» Haz un ejercicio así: Como mujer yo quiero ser: _____. Estos recordatorios visuales proveen inspiración.

Todas necesitamos cosas que nos inspiren. ¿Qué te inspira a ti?

_____

_____

_____

_____

_____

_____

Necesitas inspiración para lidiar con las cosas difíciles y ser liberada del enojo y del conflicto que has sentido acerca de la traición. La siguiente sección te inspirará a trabajar en los residuos de sentimientos negativos del pasado.

¡Pensar en cosas negativas crea obstáculos que
difuminan las oportunidades
de una persona.
Se requiere la misma cantidad
de energía para creer que
para preocuparse.
¡Toma la decisión de imaginar
cómo quieres que sea tu vida,
lo que resulta en una creencia intencional
en ti misma!

Fase Dos

TRABAJANDO A TRAVÉS DE LA IRA, EL DOLOR Y EL DUELO

CAPÍTULO 7

El poder de ti misma

CANALIZANDO LA IRA Y EL CONFLICTO PARA LOGRAR EL PODER DE
IDENTIFICAR TU IRA, PASAR POR EL DUELO DE TUS PÉRDIDAS Y
RECECONOCER EL DOLOR DE LO QUE ES

Nota especial para los compañeros mientras leen este libro. Me doy cuenta de que probablemente necesitarás adaptar muchas de las técnicas de la Fase 2. En caso de que no tengas acceso a las herramientas necesarias para manejar el enojo de estos ejercicios, sé creativo. Por ejemplo, usa palos en lugar de una raqueta y sábanas en lugar de almohadas para el trabajo de "raqueta y almohada". En realidad, ser creativo y usar palos para golpear las sábanas en un tendedero puede ser un mejor uso de tus recursos y tu propiedad. —Carol Juergensen Sheets

Cómo identificar, avanzar y crecer a través del conflicto

Las parejas necesitan sentir sus sentimientos y honrar el enojo, la tristeza y soledad que la infidelidad ha causado en el sentir de ellas. Hay varios ejercicios que pueden ayudarte a ser libre de la traición y reconocer la sabiduría y el poder que has logrado al examinar los asuntos esenciales. Esta sección incluye ejercicios que te ayudarán a lidiar con el enojo abierto y encubierto, abuso en el pasado y presente, temor al conflicto, una pobre autoestima y el trauma.

Cuando haces el trabajo de estos ejercicios, podrás ser libre de comportamientos del pasado y crear nuevas acciones como las siguientes:

- Interrumpir patrones acerca de la traición que son contraproducentes y enfocarte en tu capacidad de recuperación

- Crear conciencia para interrumpir comportamientos enfermizos y crear de manera intencional nuevos comportamientos sanos

- Aprender a aceptar el conflicto en vez de tomarlo a manera personal, resultando en sentimientos de insuficiencia, inferioridad y falta de valor

- Establecer un sistema de rendimiento de cuentas a ti mismo que promueve un compromiso con el cambio

Estos ejercicios son intensivos y te llevarán a excavar muchas capas sicológicas en este viaje de autoexploración. Muchas mujeres llegan a sentirse resentidas de que tengan que hacer este trabajo intenso para librarse de las ataduras de la traición de una pareja. Sabemos que este trabajo es necesario no solo para progresar a través de la Fase 2, pero también para procesar algunas heridas en tu vida que quizá no hubieras sanado de otra manera. Estos ejercicios te darán la oportunidad de dar validez a tus sentimientos y reconocerlos como tuyos. Puedes ser extremadamente honesta contigo misma y crear estrategias para cambiar tu vida de manera radical.

Los ejercicios presentados en este capítulo son un compendio de procesos que hemos experimentado en nuestro desarrollo personal como mujeres fuertes y en nuestro trabajo profesional como mujeres que hemos sobrevivido al trauma. ¡Al escribir en tu diario, permite que tu imaginación, tu creatividad y tu intuición te guíen!

A continuación, hay algunos temas que estaremos explorando:

- Cuestiones de apego
- Traición del compañero
- Poner límites
- Asertividad
- Automutilación y comportamientos autodestructivos
- Cuestiones de autoimagen
- Abandono
- Evitación de conflicto
- Tomar responsabilidad excesiva
- Autoodio

TU DIARIO ES UN LUGAR SEGURO DONDE PUEDES PROCESAR TUS PÉRDIDAS MIENTRAS HACES ESTOS EJERCICIOS

La confianza es una necesidad básica pero esencial de todas las personas. Si creciste en un ambiente que era insegura física, sexual o emocionalmente, tu confianza en otros pudo haberse visto afectado. Cuando tu esposo se convierte en el traicionero, afecta tu perspectiva de ti misma. Probablemente ya no tienes confianza en ti misma, en tu compañero o en el mundo que lo conocías. Dudas si tienes las respuestas que necesitas. Su traición te robó el aquí y ahora, pero al hacer este trabajo estarás retomando tu identidad, tu intuición y tu espíritu de mujer.

Este manual se convierte en un "lugar seguro" donde puedes realizar el trabajo. Te guiará a través de los sentimientos de pérdida, duelo y enojo.

Al utilizar estas técnicas y ejercicios, toma el tiempo de grabar en tu diario tus sentimientos para procesarlos y crecer más fuerte por medio de ellos. Escribir en tu diario es una manera segura de identificar tus sentimientos que a raíz de la traición han llegado a bloquear tus propias fortalezas. La traición te robó de la capacidad de creer en ti misma y ¡ahora es momento de retomar tu poder y confiar en tus sentimientos e intuición de nuevo!

Ejercicios para el enojo

Muchas mujeres que han sido traicionadas sexualmente luchan con la depresión o la ansiedad. Tanto la naturaleza como la crianza juegan un papel en estas condiciones. Sabemos que a veces hay un vínculo genético en la depresión y la ansiedad, y que estas condiciones quizá también sean causadas por las situaciones o el ambiente. Cuando una mujer experimenta la traición, empieza a dudar de su propia capacidad para discernir la verdad. Las buenas noticias son que, sin importar el origen de estos sentimientos, hay muchas maneras de tratar con estas condiciones. Hacer ejercicio, llevar una dieta sana y tener apoyo de otros es una de las primeras líneas de defensa en superar estas luchas. Para los que sufren de depresión crónica, a veces la consejería o hasta los medicamentos pueden ser instrumentos para combatir la depresión o la ansiedad.

Uno de los aspectos más importantes de sentirte triste o temerosa debido a la traición es reconocer la emoción de enojo o hasta furia encerrada dentro de ti. Puesto que la depresión también puede ser «enojo volteado hacia adentro», es importante reconocer el enojo reprimido o escondido dentro de uno. Es posible que se te dificulte ver cómo estás haciendo esto, pero sabemos que el trauma nos afecta a un nivel celular y que soltar esas emociones nos permite avanzar en la vida y no quedarnos atrapados en nuestro enojo, tristeza o dolor. Esta relación se describe elocuentemente en el libro de Bessel van der Kolk, *El cuerpo lleva la cuenta (The Body Keeps the Score)*. Él explica que cuando ocurre un trauma, el cuerpo lleva la cuenta para mantenerte en un estado alto de alerta como una señal de protección para evitar ser herida de nuevo. Lo más importante es reconocer el dolor y crear un lugar de seguridad para avanzar en tu vida. Por eso tienes que hacer el trabajo.

Estarás liberándote de la traición como adulta que estás viviendo en este momento. Este trabajo también te ayudará a lidiar con abuso anterior. Si experimentaste abuso de niña, es posible que no se te permitió expresar ese enojo. Quizá acumulaste muchos eventos traumáticos como el alcoholismo de un padre, abuso o descuido emocional. Este diario es un lugar seguro donde puedes "conectarte" con ese eslabón emocional en tu vida – ¡el enojo!

Reconocer y expresar tu enojo te permite ser limpio emocionalmente, lo cual te permite sanidad del enojo que has estado cargando por años o hasta décadas. Si eres de esas personas que niegan sus sentimientos de enojo, queremos animarte a considerar las injusticias que te ocurrieron antes de la traición sexual. Es posible que encontrarás enojo reprimido o escondido, a menudo como resultado de trauma infantil o por crecer en un hogar donde no se permitía la expresión de enojo como una emoción aceptable.

Si tuviste una infancia normal, será necesario identificar y reconocer las injusticias que se te hicieron por la adicción. Expresar estas injusticias a veces desata la emoción natural del enojo.

¡El trabajo de lidiar con el enojo es intenso, poderoso y liberador! Para algunos, solo hablar de la emoción y hacer alusión al enojo puede crear ansiedad y provocar la huida. Debes prepararte para este trabajo al reconocer que el enojo es normal y necesario cuando se expresa de manera directa y no destructiva. La expresión del enojo puede tener un impacto positivo en tu vida.

El enojo causa la acumulación de adrenalina y debe ser liberada. Es la energía que nos protege en la situación de pelear o huir. El enojo es vital para nuestra sobrevivencia como individuos y mujeres. ¡Tienes el derecho a ser libre del enojo ocasionado por la infidelidad sexual y los males que han impactado tu vida!

SÍ O NO: EL PODER DE CONEXIÓN

El primer ejercicio de control del enojo se llama "SÍ O NO". Te permitirá sentir el poder de tu enojo.

Puesto que a menudo internamos nuestro enojo, cierra tus ojos por un momento e identifica interiormente la situación de raíz que te hizo sentir subestimada, no valorada, no respetada, etc. Toma el tiempo necesario para identificar la situación fundamental. Puede ser los efectos de una adicción sexual o una situación de la infancia. Quizá quieras enfocarte en situaciones relacionadas con tu trabajo, tu matrimonio o aspectos de tu vida que se han visto afectadas por tu reciente descubrimiento. Ya que hayas escrito tu situación fundamental, estás lista para avanzar.

Primero, escribe palabras que concluyen la declaración acerca de tu situación fundamental. Cuando haces declaraciones de "SÍ", estás haciendo declaraciones acerca de tu valor, tu fortaleza y tu poder. Quizá vienen a la mente varias personas que violaron tu sentido de valor, por lo cual quizá necesites hacer varias listas.

Aquí hay algunos ejemplos:

- ¡SÍ, me tienes que respetar!

- ¡SÍ, tengo el derecho a esperar que me seas fiel!

- ¡SÍ, seré escuchada!

- ¡SÍ, tengo derecho a saber las cosas secretas!

¿A qué necesitas decir SÍ? Podría ser acerca de tu infancia o quizá acerca de la traición. Haz una lista a continuación:

- Sí, _____

- Sí, _____

- Sí, _____

- Sí, _____

Ahora considera el otro lado de la moneda – NO. Al hacer declaraciones de NO, estás haciendo declaraciones acerca de tus propios límites y tu propia seguridad personal, emocional y física.

He aquí algunos ejemplos:

- ¡NO, te permitiré traicionarme sin sufrir las consecuencias!

- ¡NO, me harás sentir encenderme como con gas!

- ¡NO, me dirás lo que tengo que hacer!

- ¡NO, te permitiré victimizarme!

¿A qué necesitas o necesitaste decir NO en cuanto a la traición sexual o por algo en tu infancia? Haz una lista a continuación:

- NO,_____

- NO,_____

- NO,_____

- NO,_____

Ahora, toma un momento para calmar tu corazón. Cierra tus ojos de nuevo y toma un momento para reflexionar sobre las siguientes frases: "YO DESEO" y "TÚ NO PUEDES". Piensa en esa situación central de tu pasado o tu presente y lo que estas frases te llevan a pensar. Conforme surgen pensamientos y sentimientos acerca de esta situación central, escríbelos a continuación.

Observa lo que revelan las declaraciones de "YO DESEO". Aquí hay algunos ejemplos:

- ¡Yo deseo tener mi serenidad y paz interior de regreso!

- ¡Yo deseo estar en control de mis límites!

- ¡Yo deseo tener mi autoestima de nuevo!

- ¡Yo deseo ser fuerte de nuevo!

¿Qué es lo que DESEAS? Escríbelo a continuación:

- Yo deseo _____

- Yo deseo _____

- Yo deseo _____

- Yo deseo _____

Éstos son algunos ejemplos que ejemplificar de "TU NO PUEDES TENER".

- ¡Tú no puedes tener el control sobre mí!

- ¡Tú no puedes tener mi amor!

- ¡Tú no puedes tener mi confianza!

- ¡Tú no puedes quitarme mi inocencia!

¿Qué te pertenece que NADIE puede tener? Escríbelo a continuación:

- Tú no puedes tener _____

- Tú no puedes tener _____

- Tú no puedes tener _____

- Tú no puedes tener _____

Muchas veces en la vida, a las mujeres se les dice que sus pensamientos, sentimientos y convicciones no son correctas, y que la otra persona está en lo correcto. Sigue escribiendo acerca de cómo tus pensamientos, sentimientos y convicciones son sólo tuyas y tienes derecho a ellos. Ahora que ha ocurrido una traición, tienes derecho a nuevos límites y nuevas consecuencias. ¡Es una declaración de valor personal y autoestima! A menudo, las mujeres que han sido traicionadas se sienten confundidas y perplejas que sus propios votos han sido destruidos. Dicen cosas parecidas a: «No entiendo cómo pudo haberme hecho esto». O «Yo nunca hubiera permitido la infidelidad en nuestro matrimonio». O menean la cabeza y dicen: «¿Cómo pudo tener relaciones sexuales con otra persona? ¿Cómo pudo pensar que eso podría estar bien? ¿Quién es esta persona con quien me casé? Yo jamás le habría hecho esto. ¡JAMAS!» Cuando una mujer tiene estos pensamientos, se está comparando con su esposo y ella usualmente ella se mantiene encerrada en la comparación de sus valores con los valores de él. La siguiente declaración "Yo tengo razón" capta el dolor y la indignación de diferenciar entre lo que es correcto e incorrecto, y de cómo alguien puede cruzar esa línea y dañar de tal manera a su esposa y su matrimonio. Muchas mujeres dicen: «Yo soy una buena persona y JAMAS le hubiera hecho esto a él».

¿Qué declaraciones necesitas hacer de verdades que debieran haber sido honradas en tu relación con tu cónyuge?

- ESTOY EN LO CORRECTO

  ◦ Estoy en lo correcto al haber honrado nuestro matrimonio.

  ◦ Estoy en lo correcto al haber evitado todas las tentaciones.

  ◦ Estoy en lo correcto al haber esperado tu amor y fidelidad.

  ◦ Estoy en lo correcto a pesar de ti ahora mismo.

¿En qué cosas dirías que estás en lo correcto?

- ESTOY EN LO CORRECTO

  ◦ Estoy en lo correcto _____

  ◦ Estoy en lo correcto _____

  ◦ Estoy en lo correcto _____

  ◦ Estoy en lo correcto _____

¿En qué maneras sería de ayuda ser más asertiva y declarar que lo que él hizo estuvo mal, muy mal? Al hacer estas declaraciones de "No es correcto", estás proclamando lo obvio. Pero estás dando voz a tus verdades en cuanto a sus acciones que son inexplicables y que no tienes nada que ver con el comportamiento que él escogió. Estas declaraciones son de especial ayuda si ha habido resbalones o recaídas en su recuperación. Quizá entiendas que su adicción le quitó el poder de tomar buenas decisiones, pero ya que un adicto conoce las herramientas para su recuperación esto le permite tomar buenas decisiones y elecciones, ¡él está completamente equivocado cuando no las aprovecha! Recuperación, es cuando se vive con rigor, esto creará el hombre que tú mereces.

- ¡ESTAS EQUIVOCADO!

  - Te equivocaste al haberme engañado.

  - Te equivocaste al pasar tiempo con prostitutas.

  - Te equivocaste al haber ido a clubes de mujeres desnudas.

  - Te equivocaste al haber puesto en peligro mi vida.

¿Qué necesitas decir?:

- Te equivocaste _____

- Te equivocaste _____

- Te equivocaste _____

- Te equivocaste _____

A menudo las mujeres toman este tiempo de reflexionar y escribir al otro nivel. Después de completar tu escritura, es posible que tengas una sensación renovada en tu poder personal. Sintiendo el poder de tus conocimientos y una conciencia que puede ser verdaderamente liberadora. Aunque parece sencillo, hay varios pasos a seguir para experimentar físicamente   este nuevo poder.

Para experimentar al máximo este ejercicio tomará más o menos de cinco a seis minutos. La meta principal es que sientes el poder físico y emocional de las palabras que has escrito.

- Una persona segura de apoyo (como una amiga cercana, un miembro de tu familia o una consejera o terapeuta) quien no tiene temor a una expresión intensa de emociones- tu terapeuta a lo mejor está dispuesta a facilitar este ejercicio experimental contigo y tu persona segura/de apoyo.

- Un lugar seguro donde puedes hablar tan fuerte como sea necesario

- Agua para beber

- Papel para secar tus lágrimas o tu nariz

Tu persona segura tiene que estar dispuesta a participar en este ejercicio de volumen, porque requerirá que él o ella también hable o grite fuerte. Empieza pidiendo que tu persona segura se pare frente a ti, cara a cara. Algunas mujeres ponen una línea de cinta adhesiva en el piso en medio de ellas y su pareja para representar visualmente la línea de seguridad. Recuerda que tu enojo es normal y necesario, pero significa que debe ser destructivo. Recuerda también que al hablar fuerte o gritar frente a tu persona segura, no le estas gritando "a" ella o él, sino que estás encontrando tu voz y recuperando tu poder.

> *A medida que hablas fuerte o gritas frente a tu persona segura, no le estas gritando "a" ella o él, sino que estás encontrando tu voz y recuperando tu poder.*

Mientras se paran de frente, asegúrate que tus pies deben estar bien plantados en el piso y separados a nivel de los hombros. Dile a tu compañera o compañero que te dé un empujón en los hombros para confirmar que estás parada de manera firme.

Con sus brazos relajados a los lados, mírense cada uno en el ojo izquierdo, se dice que el ojo izquierdo es la "ventana del alma". Esto les ayudará a enfocarte y saber que tu compañera te está apoyando en este ejercicio y tú también a ella.

Revisa tu lista escrita, luego cierra tus ojos mientras visualizas la traición u otra situación dolorosa. Aunque lo más probable es que tu pareja no haya escrito una lista, además puede ganar más beneficios cerrando sus ojos y conectarse con alguna situación dolorosa también. Basado en tu nivel de comodidad, puedes elegir en exponer tu problema principal en voz alta a tu pareja o mantenerlo seguro dentro de ti. Cuando estés segura de tu problema principal, estás lista para comenzar. Comenzarás con la palabra "SI". A través del ejercicio, tu pareja emparejará tu volumen, contestando solamente con la palabra o frase opuesta.

Cuando comiencen, solamente dirás una palabra: ¡SI o NO! Esto te permitirá estar enfocada, clara, en sentir y escuchar tu propio poder. Cada vez que el "SI o NO" es intercambiado, el "SI" aumenta el volumen. El "NO" responde al mismo nivel, aunque sin ser más alto o dominando el "SI". Es como si vieras a los niños argumentando, "SI" o "NO" una y otra vez. La persona que dirá "SI" comienza.

Es muy común encontrar que no podrás hacerlo en alta voz al principio. Piensa acerca de dos niños argumentando para visualizar la posible intensidad. Date permiso de alzar tu voz lo más alto posible, permitiéndote a "levantar el techo del edificio." Otra respuesta típica que notarás es que tú y tu pareja sonrían o se pongan llorosos y lloren. Sepan que esto es natural, pero el trabajo duro no es para sonreír, sino que te quitará tu poder. También, el trabajo duro te "empuja más allá de tus lágrimas," las lágrimas pueden reducir el poder y la fuerza del mensaje que estás tratando de transmitir. Tu pareja también necesita darte la señal del pulgar arriba para motivarte a levantar tu voz y ponerla más alta. Si tu voz viene de tu garganta, tu toserás y posiblemente sentirás que te estas asfixiando. Si esto sucede, ponte la mano en tu estómago y alza el volumen desde tu diafragma, y no de tu garganta. Encontrarás también que te ayudará el permitir que el sonido gutural o primitivo surja de tu cuerpo.

A medida que el ejercicio continúe y ambos se expresen más alto y confortable con su palabra, entonces cambien. Tú has estado diciendo "SI," así que ahora es tu turno para decir "NO." Tú puedes enfocarte en el mismo problema central, puedes descubrir que encontrarás uno más profundo que puede surgir durante el proceso. La persona con el "SI" otra vez comenzará el proceso. Naturalmente, la energía e intensidad irá bajando y ambos pararán. Ahora tú comenzarás con el "NO" y otra vez tú determinarás el volumen.

La experiencia continúa con la próxima frase que escribiste. Repasa tu lista, cierra tus ojos para que te centres en las palabras que escribiste, entonces escoge con cual frase te gustaría comenzar:

- ¡YO QUIERO!

- ¡TU NO PUEDES TENER!

Otra vez, a medida que encuentras la energía y la intensidad naturalmente yendo hacia abajo, para, cambia las frases, y comienza nuevamente. Toma algo de agua en medio de las rotaciones si es necesario.

Repite los mismos pasos descritos arriba para las siguientes frases:

- ¡ESTOY EN LO CORRECTO!

- ¡ESTAS EQUIVOCADO!

Les enseñamos a las mujeres que la externalización física de depresión y tristeza les permite transformar la depresión y la tristeza en energía. Nuestra creencia es que la depresión y la tristeza son usualmente el resultado de una ira no expresada. Cuando se libera físicamente, la ira es más útil. La ira es un agente energizante que la adrenalina produce. Cuando las mujeres sienten su energía y adrenalina, ellas pueden movilizar sus vidas diferentemente y lograr las metas personales que empoderan y cambian sus vidas. Se puede sentir muy agotador el pasar horas y horas en tus rumiantes pensamientos, preguntándote cuáles son tus opciones y como las podrás ejecutar. Aprovechando "la energía de la ira" se vuelve motivador y ayudará a identificar e implementar tus opciones.

Una vez hayas expresado y externalizado tu ira, lo más probable es que la descartes y te desprendas de ella, lo cual te permitirá moverte a la etapa de aceptación de tu dolor. El duelo y el luto te dan una oportunidad de examinar y liberarte del dolor. Esto te puede dirigir a la "etapa de perdonar y dejar ir" al liberar tu ira.

No creemos que necesites perdonar a tu pareja. Solamente tú puedes tomar esa decisión. Esta es una decisión muy individual y solamente se puede hacer si sientes moverte al próximo paso. Sin embargo, liberando tu ira te permitirá liberar algunos traumas de tu pasado. Esto no quiere decir que tus perdones a la persona que te hirió o te hizo daño, pero significa que no permitirás más que la ira te detenga a ser la persona que quieres ser o en lograr las cosas que tú quieres lograr en tu vida.

Cuando te liberas de los sentimientos de ira, tú eres más propensa a moverte naturalmente a un estado energético que te contribuirá en hacer algunas decisiones importantes. Solamente tú puedes decidir cómo y cuándo harás eso. Creemos en que el proceso que has creado será exactamente el que necesitas para llevarte en tu jornada de autodescubrimiento.

RAQUETAS Y ALMOHADAS: EXTERNALIZAN LA ENERGIA

Típicamente, después de hacer el ejercicio SI-NO, es posible que desees fiscalizar tu trabajo. Esto es simplemente una manera para que te conectes con tu poder literal y físicamente.

EL PROCESO

Te pedimos que te arrodilles al frente de dos o tres almohadas mullidas encima una de otra. Por cuestión de seguridad, es mejor tener a una persona segura/apoyo contigo. Además, remueve algún anillo u otro tipo de joyería.

Enfócate en el problema central que ha creado trauma, injusticia, o traición en tu pasado. Temas comunes además de la traición incluye el abuso sexual, el abandono de padres, divorcio, niños irrespetuosos, jefes autoritativos, dependencia química, etc. Por difícil que sea concebir, este ejercicio te liberará del poder que otros tienen "sobre ti." Esto te permitirá reconocer la poderosa fuerza que ha tenido la ira en ti. Desafortunadamente, tu ira lo más probable se ha encerrado en tus sentimientos en vez de liberarlos. Cuando tú externalizas la ira, tú ya no estas más limitada por el miedo internalizado, y tu automáticamente tomas control de tu vida con confianza y seguridad.

Cuando golpeas en las almohadas con la raqueta de tenis lo más duro que puedas y tu voz lo más alta que puedas, te conviertes cada vez más en contacto con la energía que se mueve a través de tu cuerpo. También te motivamos a usar una palabra que hable directamente de tu ira. Algunas mujeres gimen, gruñen, maldicen o dicen oraciones cortas (así como "¡Te odio! ¡Eres un bastardo! ¡No me puedes controlar!")

A pesar de que la mayoría de las mujeres externalizan su ira en cinco minutos o menos, tú debieras de golpear las almohadas hasta que estés completamente cansada, sin energía. Después que te sientas que no te queda más energía, te sugerimos que golpees las almohadas diez veces más para empujarte más allá de la fatiga. A menudo, esta es la parte más poderosa de este ejercicio porque utilizas la energía acumulada que ha estado inaccesible por años.

Cuando finalmente has terminado, posiblemente tendrás ampollas en tus manos, simbolizando el trabajo que hiciste. Repitiendo el trabajo de la ira puede resultar en que tengas la suerte de haber destruido la almohada como si las entrañas se le salieran, si es así, dite a ti misma que estas entrañas son las entrañas de tu ira y mantén una parte de ellas para recordarte que has externalizado y liberado tu ira.

PROCESA EL TRABAJO

Después que hayas completado tu trabajo y antes que te retires en la tarde, contesta las siguientes preguntas:

- ¿Dónde en tu cuerpo sientes energía?

  _____

- ¿De qué color es la energía?

  _____

- ¿Cuál adjetivo describe mejor cómo te sientes en este momento?

  _____

Este es un tipo de anclaje que tiene raíces en la Programación Neurolingüística (PNL) y puede ser útil para honrar el procesamiento que acabas de hacer.

Es muy importante hacer este trabajo y saber que de ninguna manera tú fuiste responsable por sus engaños o sus acciones. Algunas veces este trabajo debe hacerse en centros de tratamientos y parejas han reportado esto después del trabajo duro, ellos dejaron sentimientos como si ellos en alguna manera contribuyeron a sus acciones y sus opciones. ¡Este trabajo es para procesar tus sentimientos y que no fuiste responsable por lo que él hizo! Tú no sabías en que profundidades adicción a pesar de lo que él a lo mejor ha dicho, o que un profesional a lo mejor te haya dicho o incluso los 12 pasos que tu grupo de apoyo podría haber inferido cuando ellos te dijeron que eras una co-adicta o una co-dependiente.

Nunca debes asumir NINGUNA responsabilidad de su adicción.

INTEGRACIÓN

Escribe un párrafo corto describiendo tu experiencia. Este trabajo creará un cambio en ti, así que te recomendamos que escribas en esta semana varias veces acerca en como tu vida es diferente en este momento después de haber liberado tu ira. Estarás extremadamente dolorida y/o emocionalmente cruda, por lo que es fundamental que establezcas algunos comportamientos de cuidado personal en la próxima semana.

El liberar la ira ha…

_____

_____

_____

Los pensamientos que tuve después de hacer el ejercicio fueron…

_____

_____

_____

Me siento más fuerte ahora que he hecho el ejercicio porque…

_____

_____

_____

Practicaré el autocuidado en…

_____

_____

_____

Responderé diferente al adicto en…

_____

_____

_____

Alternativas al trabajo con Raqueta

Si tienes una limitación física que te impida hacer el trabajo de raqueta, puedes romper libros o catálogos. A medida que rompas las páginas verbaliza tus sentimientos, y luego rompe más páginas. Se necesita mucha fuerza y energía para romper quince, veinte o treinta páginas a la vez. El sonido de las páginas rompiéndose, combinado con la fuerza que requiere tal acción, proporciona una forma terapéutica de liberar la agresión reprimida.

VESUBIO: EXTERIORIZACION DE LA IRA Y DESARROLLO DE LIMITES PERSONALES.

Necesitas un amigo que escuche como persona de apoyo para este ejercicio. "Vesubio" es un ejercicio que se desarrolló inicialmente para parejas. Ha sido adoptado de "PAIRS". Hemos encontrado que es un ejercicio tremendo para la mujer, porque te permite liberar tu ira y experimental el apoyo de un amigo que te escucha, el cual ya le has pedido que te ayude para este ejercicio.

Este ejercicio te animará a ponerte en contacto con la ira reprimida o suprimida. A las mujeres a menudo se les enseña que no deben tener pensamientos y sentimientos de enojo. A menudo, una pareja sentirá miedo de compartir su historia por temor a las repercusiones con los demás. Esto mantiene sus emociones en un estado reprimido y para realmente llorar su perdida requiere que visite todas sus emociones de manera segura.

Te has sorprendido mucho de lo enojada, furiosa y fuera de control que has estado desde el descubrimiento y es probable que hayas pensado que te estas volviendo loca porque esto no es lo que una vez pensaste que podrías hacer. Pregúntate, ¿cómo podrías usar este enojo para motivarte a establecer límites o en usar tu voz? Recuerda que es probable que estés en el modo de "pelear" y tu cerebro se haya desconectado. Esto es lo peor que te haya pasado y cuando canalizas esa ira que puede aumentar tu ira inicial, pero luego la exteriorización te dará una sensación de serenidad y calma.

¡ESTE EJERCICIO ES PARA TI SI ESTAS MUY, MUY ENOJADA!

No sólo podrás vomitar tus sentimientos, sino que obtendrás un tiempo ininterrumpido para decir lo que sea que este encerrado dentro de ti. Este ejercicio le da permiso a las mujeres para identificar tus emociones y entrar en erupción como el antiguo volcán, Vesubio.

PROPÓSITO DEL VESUBIO

Este ritual permite el vómito emocional y el vomitar que necesita ocurrir cuando tu ira ha sido reprimida y reprimida durante años o incluso décadas. Si estás cansada, frustrada y enfurecida, encontrarás que esta herramienta es una forma segura de descargar, descorchar, explotar y estallar. Se hace con permiso y por un período de tiempo asignado. Los siguientes pasos describen el proceso del Vesubio.

EL PROCESO

1. ISolicitas una cierta cantidad de tiempo para desahogar tu ira, frustración y rabia. En la mayoría de los casos, este ejercicio requiere tres, cinco o diez minutos. (Es probable que descubras que cuando tienes tiempo ininterrumpido para decir lo que realmente tienes en tu mente, no necesitarás tanto tiempo como pensarías para encontrar tu voz).

   Tendrá que encontrar una persona de apoyo para ser testigo silencioso de tu ira. A esta persona se le llama el "contenedor", porque metafóricamente sostiene y contiene tu ira. Esta persona también sirve como cronometrador y te dirá cuando se acaba tu tiempo para desahogarte.

2. Tu persona de apoyo que escucha aprenderá y practicará cómo contener tu ira sin internalizarla. Se le pide que visualice un escudo de plexiglás, un recubrimiento de teflón, una pared o cualquier otro mecanismo de protección que le permita evitar internalizar la ira que estás vomitando. Puede ser beneficioso decir internamente un mantra como: "Esto no se trata de mí".

3. Comienzas verbalizando tu enojo con respecto a un tema central. Aquí emites tus emociones oscuras, feas y críticas. Nada de lo que digas durante este período debe ser verdadero, justo o políticamente

correcto. Gritar, histeria e incluso maldecir (si así lo desea) son comunes, esperados y motivados a hacer. Muchas veces, cuando compartes tu enojo, tu problema se profundizará, o su enfoque cambiará a otra persona a quien se dirige la ira. Muchas mujeres han experimentado que mientras gritan, su ira cambió de su esposo infiel a su madre o padre debido al trauma experimentado en la infancia. **(Tenga en cuenta que esto es natural y no le quita la ira que siente hacia su cónyuge, pero sí vincula el trauma continuo que puede haber sentido toda su vida. Esto puede originarse en un trauma de la temprano en su infancia que resulta en estrés postraumático complejo).**

4. Una vez que te has purificado emocionalmente o después de que se haya acabado el tiempo, agradécele a tu amigo que te ha escuchado contener tu ira de una manera segura. Entonces, es vital "eliminar el papel", reconociendo que él / ella no es "mi esposo o padre o madre", sino que ella / él es "mi amigo que me ha ayudado a contener mi ira de una manera segura o ha mantenido mi confidencialidad". Tu amigo que escucha luego usa lo que ha escuchado reflexivamente para reconocer que él / ella no es el papel que él / ella jugó al decir "Sé que no soy tu esposo, padre o madre, pero soy (nombre), tu amigo y alguien que se preocupa por ti".

5. Después que tú y tu amigo/a oyente hablan de lo que sucedió en este ejercicio, pueden compartir en cómo este ejercicio puede seguir ayudando.

Los sobrevivientes de traición sexual, abuso sexual u otras formas de trauma a menudo encuentran este ejercicio aterrador, pero liberador, porque pueden decir lo que quieran al perpetrador(es), sin importar cuán violento o gráfico sea. Recuerda, si tú eres el amigo que escucha durante este ejercicio, no estás allí para consolar o apagar los sentimientos de tu amigo(a). ¡Estás ahí como una persona neutral para "contener" las emociones...nada más y nada menos!

ABUSO SEXUAL Y OTROS TRAUMAS

Una de cada tres mujeres reporta haber experimentado abuso sexual en su niñez. Como consecuencia, es posible que hayas experimentado un trauma que te está impidiendo llegar a ser todo lo que debes ser. Por esta razón, es de suma importancia que lidees con cualquier trauma o dificultades para confiar que han surgido debido a ese abuso o descuido. Ejercicios que se enfocan en recobrar tu poder proveen la fuerza necesaria para moverte de ser víctima a ser sobreviviente.

¡Procesar el dolor es bueno para el alma!

¡Quedarte con tu dolor no lo es!

Como bien lo sabes, las cosas malas les suceden a personas buenas todos los días. Las personas sabias querrán hacer el esfuerzo de procesar estas experiencias para entenderlas mejor y crecer por medio de ellas. Cuando experimentas trauma, una de las maneras de vivir una vida satisfactoria es reconocer tus sentimientos y trabajar ese dolor para entender tu mundo y orientar tu vida de manera positiva y con propósito. Esto de ayudará a crecer a pesar del trauma del pasado.

Trabajamos con muchas mujeres que han experimentado traumas adicionales al de la traición de su cónyuge. En muchos casos, el trauma inicial ocurrió durante la niñez y nunca recibieron el apoyo ni los recursos para ayudarles a resolver esa situación mientras sucedía o inmediatamente después. Ese trauma pudo haber sido de vivir con un padre alcohólico, ser abusada física-, emocional- o sexualmente, o vivir en pobreza crónica. Si a una persona no se le da la oportunidad de procesar y superar ese trauma, es muy probable que lo volverá a experimentar de diferentes maneras en el futuro. Hasta que uno comprende y resuelve las situaciones del pasado, el trauma regresará de nuevo. Siendo una mujer que has experimentado trauma en tu infancia, necesitas progresar a través del trauma hacia la sanidad. Después de lidiar con el trauma del pasado te sentirás más fuerte, más sana y mejor capacitada para usar las herramientas que has aprendido para resolver el trauma actual y mejorar tu vida. Normalmente, eso también significa que necesitas pasar por la etapa de duelo del enojo y procesar tu enojo porque eso te permitirá soltar el trauma y avanzar en tu vida. A veces, la persona a la cual más sientes que debes perdonar es a ti misma, porque muchas mujeres se culpan por haberse dejado victimizar. Muchas mujeres se culpan a sí mismas por no darse cuenta de que su esposo estaba actuando mal. Tienes que entender que no tuviste idea de que él te estaba engañando y de ninguna manera eres responsable por sus acciones. Si te estás culpando, es importante canalizar tu enojo hacia la persona correcta para soltar este auto culpa mal inducida.

> *Tienes que entender que no tuviste idea de que él te estaba engañando y de ninguna manera eres responsable por sus acciones. Si te estás culpando, es importante canalizar tu enojo hacia la persona correcta para soltar el auto culpa mal inducida.*

En el proceso de soltar esa ira y culpa encontrarás maneras significativas para crecer y contribuir a la vida para tener satisfacción contigo misma.

Muchos teoristas dicen que el sufrimiento es el método que los seres humanos llegan a crecer y ser seres humanos bien desarrollados. Quizá estás leyendo estoy pensando, "¿Por qué tengo que experimentar tanto sufrimiento para crecer?" A la conclusión que llegamos es que el trauma causa sufrimiento que conlleva una transformación que te deja deseando mejorar tu vida y las vidas de otros. Surge en ti un sentir de propósito. Si no resuelves el dolor del pasado, no puedes aprender y sanar. Si no lidias con los dolores del pasado, te quedarás atorada y bloqueada, impidiendo que avances hacia cosas buenas en tu vida. No es justo que la traición de tu pareja haya llegado a ser parte de tu vida, pero usa esa experiencia para ser más fuerte. ¡Muchas mujeres han aprovechado el sufrimiento para hacer cambios asombrosos en sus vidas!

Como terapeutas, nunca creemos que quedarte en tu enojo es provechoso. Por eso hemos desarrollado estos "Ejercicios de enojo" para ayudarte a sentir el dolor, pasar por el proceso de duelo y avanzar hacia el siguiente capítulo en tu vida con o sin él. Nos entristece cuando algunas mujeres tratan de evitar el conflicto, el enojo o el resentimiento que normalmente surgen con una traición. Debes saber que el trabajo que haces te vuelve más fuerte, más sabia y actualizada.

¡Estás a más de la mitad de este libro y has trabajado seriamente! Ahora debes tomar tiempo para reflexionar sobre el dolor que sufriste antes de la infidelidad.

TIEMPO DE REFLECCIÓN

¿Qué dolor de la infancia te sigue atormentando?

_____

_____

_____

_____

_____

_____

¿Cómo crees que esta experiencia o este trauma te ha impedido crecer?

_____

_____

_____

_____

_____

_____

_____

¿Cómo se ha manifestado en tu vida de nuevo de manera diferente?

_____

_____

_____

_____

_____

_____

_____

¿De qué maneras has buscado ayuda y recursos para ayudarte a avanzar a través del dolor?

_____

_____

_____

_____

_____

_____

_____

¿Cómo el sufrimiento te ha hecho más fuerte?

_____

_____

_____

_____

_____

_____

_____

Haz una lista de las maneras en que has crecido emocional o espiritualmente.

_____

_____

_____

_____

_____

_____

_____

Si has intentado hacer este trabajo sola, es probable que estés experimentado asilamiento y soledad. En este caso, ¿estás dispuesta a buscar el apoyo y los recursos que necesitas para ayudarte a procesar el dolor ahora? Es posible que recibir ayuda sea difícil para ti. Sin embargo, a pesar de lo difícil, te prometemos que cuando creas oportunidades para recibir ánimo, estarás edificando un ambiente en el cual puedes crecer.

Mereces llegar a un punto de sanidad y de ser libre del dolor. Hay muchos recursos, organizaciones y grupos disponibles hoy, así que no tienes que caminar a través de este dolor sola. ¡Busca ayuda para que puedas sanar y usar tu pasado para fortalecer tu futuro! Busca una organización o una consejera que sea sensible a tus necesidades debido a la traición que has experimentado.

Al final del libro encontrarás algunos recursos que pueden ayudarte y ser de apoyo.

Ahora, veamos algunos otros ejercicios que pueden ayudarte a reconocer el dolor y producir fortaleza.

Cartas

En la terapia, a las parejas se les pide rutinariamente que escriban una carta, un juego de roles o crear un guion u obra de teatro para recrear el trauma, y luego proporcionen un final o una resolución que les de poder y les permita poner fin a los problemas de larga duración. Si tuvieras una varita mágica, ¿qué podrías imaginar para tu futuro? ¿Cómo te gustaría que tu relación se fortaleciera? No hay nada de malo en esperar el futuro mientras procesas las muchas pérdidas que esta adicción te ha robado en tu relación. Y si no crees que es posible perdonarlo y seguir adelante, entonces pregúntate: "¿Cómo sería si dejara la relación y siguiera adelante?" Puede ser muy aterrador contemplar estas decisiones, pero no importa en qué estado te hayan dejado, estás en el asiento del conductor con la forma en que procedas desde aquí.

Puede que no sientas que tienes muchas opciones, pero cuando estás trabajando a través de tus emociones, tu escritura y reescritura te permitirán ser dueño de lo que TÚ quieres para tu vida. Cuando haces esto, es mucho más probable que lo hagas realidad. No sólo estás enviando un mensaje a tu poder superior de que sabes lo que necesitas en tu futuro, tú también estas enlistando a tu cerebro a subir a bordo con la dirección próxima que tú quieres ir. El cerebro viejo/cerebro primitivo no sabe la diferencia entre tu visión y realidad y algunas resoluciones o la paz que se puede lograr.

> *Cuando rehaces tu futuro a través de la escritura o la visión trabajada, estas enviando un mensaje de poder a tu poder superior de que sabes lo que necesitas en tu futuro y que estas enlistando a tu cerebro a subir a bordo con la dirección próxima que tú quieres ir.*

ESCRIBIENDO TUS CARTAS DE DECLARACION

Si eliges escribir una carta, te recomendamos que escriba tres cartas de diferentes naturalezas:

(1) una carta irracional, enojada, hostil y fea, donde mencionarás todos los pensamientos de odio y venganza que has tenido sobre la traición (si ha sufrido un trauma infantil anterior, recomendamos cartas separadas para cada trauma); y (2) una carta que sirva para reclamar tu supervivencia e ir más allá de ser una víctima. En esta carta, le dices lo que tolerarás o no tolerarás ahora que estas consciente del engaño y la traición. Una tercera carta es beneficiosa para permitirle a reflexionar sobre las lecciones que has aprendido al ser una sobreviviente.

CARTA 1: *LA CARTA VENENOSA*

Después de describir el trauma y sus efectos, se te anima a estar enojada y dejar que tu "lado oscuro" tomar el control. Puedes decirle al traidor(es) que quieres castrarlo, o que esperas que muera solo, o que esperas que tenga cáncer, y que coma su cuerpo. Incluso las mujeres fuertes llenas de fe tienen momentos periódicos de rabia y enojo, y experimentan pensamientos feos en respuesta a la traición. Para reconocer el veneno, sientes que te permites liberarlo para que no te infecte y te impida seguir adelante en tu vida. Sabemos que reconocer la ira te permitirá ir más allá de ella. Lo importante es reconocer todos los pensamientos y sentimientos que has tenido en el pasado en situaciones catastróficas. Nuestra experiencia es que la catarsis es extremadamente beneficiosa para resolver la traición sexual y no promueve la violencia. Una vez más, esta es una experiencia liberadora, liberando las emociones reprimidas que puedes haber estado sintiendo toda tu vida.

CARTA 2: LA CARTA DEL SOBREVIVIENTE

La segunda carta es una carta racional, directa y asertiva que le dice al traidor tus sentimientos y las consecuencias de sus acciones. Esto te ayudará a reclamar tu fuerza y seguir delante de este evento. Querrás incluir los límites que has impuesto para mantenerte segura y las consecuencias si se violan. Terminar con la carta racional te ayudara a proclamarte como una sobreviviente fuerte y a proporcionar un cierre. Además, te permite una oportunidad adicional para recuperar la compostura. Por lo tanto, siempre es necesario terminar esta actividad con la segunda carta.

CARTA 3: LA CARTA DE RESISTENCIA

La tercera carta resalta lo que has aprendido y lo que te ha llevado a través, mientras hablas con tu ser pasado desde la perspectiva de tu ser actual. La verdad es que ya tienes sabiduría para compartir sobre lo que te has pasado hasta aquí en la vida. Esta es una carta difícil de compartir con las parejas porque no están muy seguros de cómo toda esta herida les ha servido y les ha hecho más fuertes y hay una tendencia a no poseer su fuerza porque no quieren legitimar de ninguna manera lo que han hecho. ¡Entendemos tu posible vacilación y, sin embargo, el reconocimiento de tu resistencia es absolutamente necesario para seguir adelante y evitar que experimentes más abusos por parte del traidor o de cualquier otra persona en tu futuro!

Dedica algo de tiempo a escribir y responder a lo siguiente:

Ahora soy más fuerte y esto es lo que aprecio de mi resiliencia...

_____

_____

_____

_____

_____

_____

_____

CUENTA TU HISTORIA

ESCRIBE TU GUION O TU OBRA DE TEATRO

A veces es útil escribir una obra de teatro o diálogo para recrear el trauma / traición y luego crear una pieza final o de resolución que te empodere y te permita poner fin al problema de larga duración. Algunas parejas pasan varias semanas haciendo esto, encontrándose bloqueados por este proceso. Si te quedas atascado de esta manera, te sugerimos que te conectes con una mejor amiga/o y le pidas que lo coescriba contigo. Tal amigo(a) puede ofrecer una nueva perspectiva que te ayude a escribir la pieza junto(a)s. También validará tu experiencia y normalizará tus emociones. Trabajar con un amigo(a) te ayudará a completar tu guión y te brindará apoyo adicional. También puedes llevar esto a tu grupo sensible a las parejas para obtener ayuda. ¡A través de esta experiencia, puede desarrollar un vínculo con tu amigo(a) o grupo que profundice tu relación! No solo es catártico crear un guión o una obra de teatro sobre los errores de la traición sexual, sino que también profundiza su sentido de confianza con tu grupo de apoyo.

CAPÍTULO 8

Ejercicios que promueven un nuevo sentido de autoconciencia

Conflicto: Una Nueva Perspectiva

El conflicto puede ser difícil. A la mayoría de las personas no se les ha enseñado cómo manejar el conflicto efectivamente, por lo que puede evocar muchos sentimientos incómodos. Lo más probable es que seas alguien que lo evita a toda costa o alguien que va a la yugular para poder "atraparlos antes de que ellos puedan atraparte a ti". A menudo, en terapia, enseñamos a las mujeres a practicar asertividad cuando están enojadas con los demás, trabajando a través de formas en que puedan compartir sus sentimientos, pensamientos y creencias con claridad. Ser asertivos no significa que obtengan lo que quieren, sólo que pueden estar seguros de que fueron claros y directos sobre sus sentimientos relacionados con el conflicto.

Trabajar con el conflicto te hará más fuerte y te ayudará a definir los límites que son tan necesarios para trabajar con el adicto.

En el proceso de la traición sexual, tu cónyuge puede sentirse desanimado porque su curación es lenta. Él puede inferir que es hora de que tu "lo superes". Esto puede hacer que te sientas insegura e inadecuada. Tu sientes su tensión y su conflicto.

Te pedimos que aprendas a desprenderte del conflicto y te recuerdes a ti misma que tienes todo el derecho de tomarte el tiempo que necesites para procesar el dolor que él causó. Vamos a enseñarte un modelo a usar cuando él o cualquier otra persona esté enojada contigo. Te ayudará a evitar "asumir" el descontento o la ira de otra persona para que puedas avanzar en tu propia búsqueda de la serenidad.

EJERCICIOS DEL TEMOR AL CONFLICTO

Lo cierto es que sabemos que a las mujeres se les ha enseñado a suprimir los conflictos. En general, las mujeres no están socializadas para exteriorizar la ira. La mayoría de las mujeres internalizan el conflicto y lo ignoran o se sienten frustradas por él y actúan. A las mujeres no se les suele enseñar a expresarlo directamente.

Los siguientes ejercicios proporcionan una manera de practicar las habilidades de expresar conflictos y/o no personalizarlos. Se basa en la creencia de que manejarás mejor las situaciones conflictivas si no las interiorizas personalmente. Freud teorizó que "el 90% de todos los conflictos son proyecciones", lo que significa que la mayoría de los conflictos suelen ser sobre la otra persona.

¿Qué te han enseñado sobre el conflicto?

_____

_____

_____

_____

_____

_____

_____

_____

_____

Lo más probable es que no te hayan enseñado a hacerte valer y a lidiar con los conflictos de manera directa y honesta.

Ambas hemos hecho nuestra misión personal enseñar a las parejas a no evitar el conflicto, sino a reconocer que es normal, natural y necesario. En las relaciones saludables, trabajar a través del conflicto puede construir intimidad.

Si estás lidiando con alguien terriblemente disfuncional o poco saludable, entonces manejar el conflicto sin personalizarlo evitará que lo tomes y sientas que eres responsable de los sentimientos de otra persona. Las parejas necesitan despersonalizar el conflicto que sienten de su cónyuge y despegarse de sus argumentos. A menudo, un cónyuge usará NAIVO o RAYO DE GAS para evitar que reconozcas sus comportamientos adictivos, y cambiará la situación y te hará sentir como si tú fueras la dueña del problema.

NAIVO es un acrónimo acuñado por Jennifer Freyd para describir una estrategia común de los abusadores. Desafortunadamente, los adictos lo usan naturalmente para ocultar su adicción culpándolo por alguna parte del problema.

Su cónyuge hará lo siguiente:

- N = Negar que realmente haya un problema. "No sucedió."

- A = Ataca a la persona que necesita una clarificación. "Estás loca o eres tú la que tiene el problema".

- I = Invertir los roles. "Eres crónicamente sospechosa y necesitas ayuda".

- V = El adicto se presenta a sí mismo como una víctima. "Siempre le das la vuelta a esto y realmente no puedo soportarlo".

- O = Ofensor: El adicto dice que tú eres la ofensora y que lo estás acusando. "Estoy cansado de que seas tan cruel".

RAYO DE GAS es cuando tu cónyuge niega la verdad y trabaja diligentemente para hacerte sentir como si estuvieras imaginando el asunto o el problema. Esto te hace sentir como si hubiera algo mal en ti o como si fueras la del problema. Las parejas comienzan a dudar de su propio sentido de la realidad y sienten como si se están volviendo locas. Ambas técnicas son respuestas comunes para evitar que lo responsabilices por sus comportamientos.

LAS CUATRO HERRAMIENTAS DEL CONFLICTO: CÓMO DESPERSONALIZARSE DE UN ADICTO QUE NECESITA DEFENDERSE

Ya sea que estés viviendo con un adicto que está en buena recuperación o que estés lidiando con un adicto que frecuentemente resbala, recae o se niega a entrar en recuperación, puede ser agotador verlo caer de nuevo en períodos de negación. Cuando esto sucede, a menudo hará lo que sea necesario para mantener ese estado de negación tan importante, ya sea por ignorancia (ni siquiera sabe que se está mintiendo a sí mismo) o para proteger la adicción a toda costa. A menudo, él creará conflictos para evitar que tú lo hagas responsable de su adicción. Esto puede ser en forma de negación, luz de gas o uso de NAIVO. Para mantenerse fuera de la trampa de tener que refrasearse, defenderse, explicarse o protegerse profusamente, le recomendamos que utilice este enfoque de conflicto cuando él lo regañe incesantemente por hacerlo responsable.

El modelo de conflicto del que hablaremos tiene algunos componentes muy inusuales y será necesario practicarlo para que te sientas cómoda con este enfoque. El modelo implica trabajar a través de cuatro pasos.

Cuando alguien esté enojado contigo, reconoce la crítica de la persona y hazte la siguiente pregunta:

1. ¿Cómo contribuí a este conflicto? Tal vez lo confrontaste a él. Tal vez te pusiste a discutir porque presentiste que algo no estaba bien. Reconoce tu participación y recuérdate a ti misma que efectivamente contribuiste al problema, sin embargo, dite a ti misma que solo serás

dueña del 10% del conflicto. Valida lo que hiciste y asume la responsabilidad de cómo gestionaste el conflicto. Habrá momentos en los que TÚ manejaste mal la situación y será importante reconocerlo y asegurarle a la otra persona que no volverás a cometer el mismo error.

2. Recuerda que el 90% del conflicto es realmente sobre la otra persona. En otras palabras, el emisor del conflicto está luchando con algo y lo está proyectando sobre ti. Por lo tanto, es importante reconocer que la necesidad de tu cónyuge de hacerte de menos, discutir contigo o criticarte surge de un problema no resuelto dentro de él. Entonces te dices a ti misma: "Esto no se trata de mí; se trata de mi cónyuge". Dilo una y otra vez para ti misma (en silencio, por supuesto).

3. Repítete a ti misma que no vas a dejar que la ira de tu cónyuge te afecte. Incluso puedes decir: "No le daré el poder de hacerme sentir _____ (una palabra sentimental como herida, enojada o inferior)".

4. El último paso es reforzar que tienes fe en una de estas tres cosas:

   ◦ Fe en que eres lo suficientemente fuerte como para sobrevivir el conflicto.

   ◦ Fe en que tú y tu cónyuge resolverán los problemas. Esto te permitirá acercarte a tu cónyuge con una actitud neutral. Si él se niega a perdonarte o a trabajar contigo, entonces debes reconocer de nuevo que este es SU problema.

   ◦ Fe en qué crees en algo más grande que tú misma, y entregas el conflicto a ese poder, ya sea Dios o el Universo o tu Poder Superior. Queremos que sepas que rendirse no significa darte por vencida, significa que al final se resolverá de tal manera que esperamos te dé alguna resolución. Esto te permite a no interiorizar el conflicto y, por lo tanto, verte menos afectada por él. También te recuerda que hay algo más grande que tú y que te apoyará a través de estos tiempos difíciles.

Imagine estos escenarios:

- ¿Tu cónyuge actuó de manera sospechosa cuando entraste a la habitación? ¿Cerró su computadora, apagó su teléfono o actuó como si lo hubieras sorprendido en algo? Tu instinto te dice que su comportamiento fue sospechoso. Tú enojada le preguntas acerca de sus comportamientos. TE ACUSA de sospechosa y se queja de no tener privacidad. De repente, parece que él está usando NAIVO y que él es la parte inocente (víctima) y tú eres la perpetradora. Puedes ver que no vas a conseguir que lo hagas empatizar con tus preocupaciones, por lo que debes utilizar tu modelo de conflicto para desvincularte de él y de sus acusaciones. El uso de este modelo desinfla el poder que hay detrás de sus palabras.

Hay muchas oportunidades para usar este modelo en situaciones que no involucran adicción.

- En situaciones normales, ¿alguna vez has tenido una pelea con tu cónyuge donde se dijeron cosas hirientes e injustas? Más tarde, tu cónyuge se disculpó y dijo: "Realmente no quise decir esas cosas". Si hubieras utilizado este nuevo enfoque con respecto al conflicto, no habrías interiorizado la situación. Tan pronto terminó la discusión, podías haber decidido con calma qué información útil podías obtener sin sentirse herida personalmente por el ataque verbal.

- ¿Alguna vez tu jefe te ha llevado a un lado y a hecho declaraciones que han insinuado que eres una decepción como empleada? Te quedaste perpleja porque tú estabas tratando todo lo posible y lo mejor que podías y sabias muy bien que, aunque no eras perfecta, ¡tú eras una excelente empleada!

Adoptar este modelo significa que buscas oportunidades para mejorar tu rendimiento y simultáneamente darte cuenta de que tu jefe puede estar bajo alguna presión para que los empleados vendan más o produzcan más rápido. Este enfoque de conflicto te ayuda a escuchar las observaciones evaluativas sin permitir que afecten tu autoestima o tu valor.

Cuando usas este enfoque, saldrás del encuentro con conciencia y con tu autoestima intacta. Cuando tú rechazas tomar las cosas personales, no estás tan a la defensiva. Esto te permite el don de la perspicacia, porque sabrás lo que tienes que hacer para mejorar la situación. El conflicto no te asusta más. No aceptarás las críticas.

PRACTICA EL USO DE ESTE MODELO DE 4 PASOS

Piensa en un incidente específico que envuelva un conflicto con tu cónyuge.

_____

_____

_____

_____

_____

APLICA LAS 4 HERRAMIENTAS DEL CONFLICTO

1. ¿Cómo contribuí a este conflicto? Tal vez lo confrontaste a él. Tal vez te pusiste a discutir porque sentiste que algo no andaba bien. Reconoce tu participación y recuérdate a ti misma que en verdad contribuiste al problema, sin embargo, dite a ti misma que tú sólo eres **responsable** del 10% del conflicto. Valida lo que hiciste y toma responsabilidad por la forma en que manejaste el conflicto.

_____

_____

_____

_____

_____

_____

_____

_____

2. Recuerda que el 90% del conflicto es realmente sobre la otra persona. En otras palabras, el emisor del conflicto está luchando con algo y lo está proyectando sobre ti. Por lo tanto, es importante reconocer que la necesidad de tu conyugue de humillarte, discutir contigo o ser crítico contigo surge de un problema no resuelto dentro de él. Dite a ti misma: "Esto no se trata de mí; se trata de mi cónyuge". Dilo una y otra vez para ti misma (en silencio, por supuesto).

¿Por qué el 90% del conflicto gira en torno a él?

_____

_____

_____

_____

_____

_____

_____

_____

3. Dite a ti misma que no vas a dejar que la ira de tu cónyuge te afecte de ti. Incluso puedes decir: "No le daré el poder a él de hacerme sentir _____ (una palabra de sentimiento como herida, enojada o inferior)".

¿Por qué NO permites que sus sentimientos te afecten?

_____

_____

_____

_____

_____

_____

4. El último paso es reforzar que tienes fe en una de estas tres cosas:

- Fe en que eres lo suficientemente fuerte como para manejar el conflicto.

- Fe en que tú y tu cónyuge resolverán los problemas. Esto te permitirá acercarte a tu cónyuge con una actitud neutral. Si él se niega a perdonarte o a trabajar contigo, entonces debes reconocer de nuevo que este es SU problema.

- Fe en qué crees en algo más grande que tú misma, y entregas el conflicto a ese poder, ya sea Dios o el Universo o tu Poder Superior. Queremos que sepas que rendirse no significa darte por vencida; significa que al final se resolverá de tal manera que esperamos te dé alguna resolución. Esto te permite a no interiorizar el conflicto y, por lo tanto, verte menos afectada por él. También te recuerda que hay algo más grande que tú y que te apoyará a través de estos tiempos difíciles.

¿Cómo se aplica a ti esta 4ª herramienta de conflicto y cómo puedes utilizar tu creencia en Dios para que te ayude a superar este conflicto?

_____

_____

_____

_____

_____

_____

_____

Aunque el uso de los conceptos de este modelo puede parecer extraño para ti al principio, con el tiempo, es probable que descubras que tienes menos miedo al conflicto, lo que te hace más objetiva sobre su realidad. Este enfoque te enseña que la habilidad más importante es: No tomarse las cosas tan personalmente. ¡Es como si estuvieras cubierta de teflón y, te desprenderás de sentirte mal contigo misma!

Busca oportunidades para usar este enfoque y nota que liberador es poner la situación en perspectiva. El conflicto se convertirá en una herramienta para entender la otra persona mejor, lo que te ayudará a evaluar lo que debes hacer para protegerte a ti misma. A medida que la relación se vuelve más saludable, también te ayudará en el proceso de la construcción de la relación.

ASERTIVIDAD: DESARROLLA TU COLUMNA VERTEBRAL DE COMUNICACIÓN

Como pareja, es especialmente importante mantenerte firme en la relación. Pasaste muchos años en la oscuridad debido a su secretismo y engaños y ahora que entiendes mejor, puedes afirmarte a ti misma y establecer expectativas y consecuencias.

Las buenas noticias son que no estás sola. Trabajamos con personas de todo tipo de antecedentes y estilos de vida, y constantemente vemos un punto en común, especialmente entre las mujeres. Las mujeres llegan a la oficina y carecen de la capacidad de hacerse valer ellas mismas con los demás. La mayoría de las mujeres no saben lo que es la asertividad, y mucho menos el saber cómo usarla. Y si saben cómo hacerlo, es porque han visto una persona importante en su vida ser asertiva en sí misma o mismo en forma regular.

La asertividad es defender tus creencias. Es tener claro lo que piensas y cómo te sientes. Cuando eres asertiva, le haces saber a los demás tus intenciones, y te mantienes fiel a ti misma para que puedas alcanzar tus metas y acércate más a lo que necesitas. Desafortunadamente, no es una garantía de que lograrás satisfacer tus necesidades, pero es afirmativo cuando te comunicas claramente para evitar cualquier duda sobre ti misma o del rayo de gas. La asertividad es transmitir un mensaje directo sobre tus necesidades. Esto es proactivo y te da el poder para cambiar.

¿Cuál es tu definición de asertividad?

_____

_____

_____

Si quieres tener una mejor autoestima y satisfacer tus necesidades, debes aprender cómo hacerte valer a ti misma. Lo llamamos desarrollando tu columna vertebral, la columna vertebral del autoestima.

¿Qué persona eres tú? *(Marca con un círculo las declaraciones que se aplican a ti)*

- ¿Te valorizas con tu cónyuge?

- ¿Sabes cómo te sientes y lo que piensas?

- ¿Hablas de lo que está en tu mente de manera directa y concisa?

- ¿Conoce él tu verdadero yo y lo que representas?

- ¿Conoce él tu determinación final?

- ¿Le dejas saber a él cuándo está usando NAIVO o Rayo de Gas en un intento de que dejes de comunicarte con él?

o:

- ¿Tienes miedo de compartir tus sentimientos por miedo a un conflicto?

- ¿Te preocupa que él pueda irse si compartes tu determinación final?

- ¿Silencias tus opiniones porque piensas que no son importantes o tienes miedo de que sean silenciadas?

- ¿Tienes miedo de decir lo que piensas porque, si lo haces, tus necesidades pueden ser no logradas y te sientas rechazada?

- ¿Tienes miedo de decir lo que piensas porque temes que él use tus palabras en tu contra y simplemente no vale la pena la energía?

- ¿Estás agotada por el descubrimiento y no tienes la energía para comunicarte con él?

¿Qué persona eres tú? Es importante ser honesta para que puedas ser consciente de saber cuándo hacer los cambios necesarios. ¿Te pareces más al primer ejemplo o el segundo?

La mayoría de las mujeres nunca han recibido ningún entrenamiento formal de asertividad. Éste libro de ejercicios te ayudará a pulir y practicar tus habilidades de asertividad.

A menudo, las parejas que no se afirman a sí mismas, son pisoteadas o se encuentran ellas mismas dejando sus necesidades en un segundo plano. También dudarán de su comunicación lo cual deja más oportunidad para dudar de sí mismos. La asertividad te mantiene fuera del papel de víctima. Le permite a él, así como a otras personas, saber en dónde estás parada.

Muchas "estrategias de la vida" enfatizan que tú le enseñas a la gente cómo tratarte. Cuando tú te afirmas ti misma, le enseñas a los demás sobre tus sentimientos, límites y fronteras. Ya no te pueden pisotear porque has cambiado tu comportamiento.

Hay dos fórmulas básicas que puedes usar para afirmarte. Ambas implican el uso de mensajes en primera persona (YO). Empieza a pensar en algo que te hayas guardado para ti y luego, practica el uso de una de estas oraciones para compartir tus pensamientos. Toma un momento ahora para llenar los espacios en blanco a continuación:

DECLARACIONES DE ASERTIVIDAD

1. _____, cuando tú _____
    (nombre de la persona)   *(comportamiento)*

me siento _____ porque _____
             (sentimiento)   *(el mensaje que me envía o el mensaje que escucho es)*

_____

2. No me gusta _____ esto es lo que
                                      (comportamiento)

voy a hacer al respecto si vuelve a ocurrir _____
                                                      (declaración de acción que tomarás)

ESTOS SON ALGUNOS EJEMPLOS DE ASERTIVIDAD:

- Una esposa de 15 años descubre que su esposo en recuperación está jugando después de que ella se va a dormir. Ella cree que esta es otra forma de adicción y le ha pedido que hable con su consejero sobre su comportamiento antes de que vuelva a jugar. Su esposo dice que va a cerrar su juego y esperar hasta que hablen con el consejero, pero entonces es atrapado jugando a las 2:00 AM...otra vez.

  La esposa se afirma diciendo: "Miguel, cuando haces caso omiso de lo que te pido y ocultas tu juego de mí esperando hasta que me haya ido a la cama, siento miedo porque el mensaje que me envías es que estás exhibiendo tu antiguo comportamiento de adicto, lo que me alerta de la posibilidad de una recaída.

  No puedo controlar tu comportamiento, pero te pediré que duermas en la otra habitación para que no me despierte cuando llegues tarde a la cama de los juegos."

- La recién casada le dice a su esposo: "Cuando te burlas de mí por mis intentos fallidos de cuidar la casa, me siento enojada porque lo que escucho es que no soy una buena ama de casa".

- La madre de tres hijos entró en la habitación y encontró a su esposo enviando mensajes lascivos a su amante. Ella muy claramente le dijo su esposo: "Ya no voy a tolerar tu mal comportamiento. Te voy a ayudar a empacar tus cosas; te pido que te vayas a vivir con tu hermano. Entonces voy a empezar a asistir al grupo para personas que tienen maridos con comportamiento compulsivo. Eres un adicto y ya no toleraré vivir en la misma casa con un adicto".

Lo importante que debes recordar sobre la asertividad es que se trata de ti. Esta no se utiliza para cambiar a los demás. Muchas parejas se quejan de que su asertividad no consigue que sus maridos cambien. Eso es exactamente correcto: ser asertivo es simplemente acerca de hacerle saber cómo su comportamiento te afecta, y es un paso más cerca de ti cambiándote a ti misma. El ser asertiva no garantiza que la otra persona cambiará; significa que estás siendo fuerte y directa acerca de cómo piensas y sientes. La parte emocionante de la asertividad es que una vez que lo tienes claro, te sientes mejor acerca ti. En consecuencia, trabajas en hacer cosas que te acercarán a conseguir la satisfacción de tus necesidades.

USANDO LA FÓRMULA DE LA ASERTIVIDAD

A modo de experimento, piensa en una cosa que hayas guardado dentro y que no hayas compartido con tu cónyuge. Usando la fórmula de la asertividad, practica llenar los espacios en blanco e imagínate diciéndole esa declaración a tu esposo. Asegúrate de escribir la declaración, lo que hará es que lo más probable la uses en tu vida diaria.

1. _____, cuando tú _____
   (nombre de la persona)   *(comportamiento)*

   me siento _____ porque _____
             (sentimiento)   *(el mensaje que me envía o el mensaje que escucho es)*

   _____

2. No me gusta _____ esto es lo que
                              (comportamiento)

   voy a hacer al respecto si vuelve a ocurrir _____
                                                (declaración de acción que tomarás)

1. _____ , cuando tú _____
   (nombre de la persona)   *(comportamiento)*

me siento_____porque _____
      (sentimiento)   *(el mensaje que me envía o el mensaje que escucho es)*

_____

2. No me gusta _____ esto es lo que
                    (comportamiento)

voy a hacer al respecto si vuelve a ocurrir_____
                (declaración de acción que tomarás)

---

1. _____ , cuando tú _____
   (nombre de la persona)   *(comportamiento)*

me siento_____porque _____
      (sentimiento)   *(el mensaje que me envía o el mensaje que escucho es)*

_____

2. No me gusta _____ esto es lo que
                    (comportamiento)

voy a hacer al respecto si vuelve a ocurrir_____
                (declaración de acción que tomarás)

1. _____, cuando tú _____
   (nombre de la persona)   *(comportamiento)*

me siento_____ porque _____
        (sentimiento)   *(el mensaje que me envía o el mensaje que escucho es)*

_____

2. No me gusta _____ esto es lo que
                        (comportamiento)

voy a hacer al respecto si vuelve a ocurrir _____
                              (declaración de acción que tomarás)

---

1. _____, cuando tú _____
   (nombre de la persona)   *(comportamiento)*

me siento_____ porque _____
        (sentimiento)   *(el mensaje que me envía o el mensaje que escucho es)*

_____

2. No me gusta _____ esto es lo que
                        (comportamiento)

voy a hacer al respecto si vuelve a ocurrir _____
                              (declaración de acción que tomarás)

Requiere práctica, pero te garantizamos que cuanto más lo practiques, más fácil será crear y utilizar declaraciones de asertividad. Y, lo que mejor sabemos de todo esto es que basado en nuestro trabajo con miles de mujeres, es que cuando te concentras en cambiarte a ti misma y no a los demás, aceleras el proceso de conseguir lo que deseas y necesitas.

EJERCICIOS DE CONFIANZA

La confianza proviene en ser honesta incluso frente a los conflictos. Cuando confías, puedes compartir tus emociones honestamente. La asertividad es cuando puedes compartir esos sentimientos honestamente. Pero la asertividad puede causar conflictos. Si tu cónyuge está desarrollando en una buena recuperación tanto de adicción como relacional, él podría ser alguien con quien puedas afirmarte, compartir tus emociones abiertamente, crecer y comenzar redesarrollar la confianza de que él honrará esos sentimientos y emociones.

Hemos conocido a muchas mujeres cuya confianza fue violada cuando eran niñas; por lo tanto, no se permitían confiar fácilmente o nunca más. Cuando una segunda traición ocurrió, las inmovilizó y las desanimó a confiar en sí mismas o en el mundo.

> *A veces las heridas son mucho más profundas porque después de la traición de la pareja, ya no confías en él, en ti misma o en el mundo. Esto puede haber afectado incluso tu confianza en Dios.*

Responde a las siguientes preguntas para evaluar tu "confiabilidad". Confianza significa que puedes confiar en la fuerza, la capacidad o la integridad de alguien. Tienes una expectativa confidente de algo, esperanza. A medida que te recuperas, debes buscar personas en quien puedes confiar y, lo que es más importante, debes comenzar a confiar en ti misma y en tu fe otra vez.

¿Eres alguien que tiene problemas en confiar en los demás? Si es así, ¿por qué?

_____

_____

_____

_____

Haz una lista de experiencias que han afectado seriamente tu habilidad de confiar.

1.

_____

_____

_____

_____

_____

2.

_____

_____

_____

_____

_____

3.

_____

_____

_____

_____

_____

4.

_____

_____

_____

_____

_____

¿Cómo el trauma ha afectado la habilidad de confiar en ti misma?

_____

_____

_____

_____

_____

¿Cómo ha impactado la traición de tu pareja en tu capacidad de confiar en el mundo?

_____

_____

_____

_____

¿Cómo es que su adicción sexual te ha hecho dudar de tus creencias espirituales, tu Dios, tu iglesia?

_____

_____

_____

_____

¿Crees que alguna vez podrás volver a confiar?

_____

_____

_____

_____

_____

¿Qué tendría que suceder para creer que puedes volver a confiar?

_____

_____

_____

_____

_____

¿Has podido confiar en otras personas en el pasado que inicialmente violaron tu confianza?

_____

_____

_____

_____

_____

Si es así, ¿qué te permitió confiar en ellos?

_____

_____

_____

_____

_____

Tal vez elijas a personas que te traten con amabilidad o que se sienten a tu lado en funciones familiares, o que tienen algo en común contigo, como tener un padre alcohólico.

Es importante reconocer patrones en aquellos que te han lastimado. Haciendo esto requiere que uses tu intuición y experiencias de la vida. Como la Dra. Maya Angelou dijo: "Cuando las personas te muestren quiénes son, créeles la primera vez". Esto significa que es TU responsabilidad protegerte de las personas que te lastiman constantemente.

Cuando amas a un adicto, es probable que experimentes muchas heridas. Si él está trabajando para una buena recuperación, habrá momentos en que flaquee. El no será perfecto en su viaje de recuperación y esto te lastimará y hará que te alejes de él. Desprenderse con amor es un proceso natural que te protege y te mantiene guardada de las luchas de él.

Para aumentar la confianza será necesario que él trabaje constantemente en la recuperación y con el tiempo sus comportamientos se volverán más saludables. Él flaqueará menos, tendrá menos resbalones y procederá a ayudar a otros a trabajar en su viaje de recuperación también. Él trabajará duro en su relación contigo, exhibirá comportamientos relacionales saludables (es decir, empatía, aumento de la comunicación, identificación de sentimientos y mejorará en la intimidad). Si él está luchando con la relación, debería leer *Ayuda. A ella. A sanar. Un cuaderno de trabajo para empatía en ayudar a los adictos al sexo para ayudar a sus parejas a sanar.* Es probable que tu cónyuge necesitará habilidades relacionales que no posee en la actualidad.

Examinemos lo complejo del trauma que puedes estar experimentando debido a heridas del pasado en tu vida. ¿Hay personas en tu vida que te están hiriendo constantemente? Si es así, ¿quiénes son esas personas? Escriba sus nombres a continuación y explica por qué tú lo permitías o sigues permitiendo que esto suceda.

No estamos diciendo que cuando eras niña eras responsable de permitir que alguien violara tu confianza; sin embargo, actualmente puede haber personas que no sean seguras y siguen criticándote, condenándote o menospreciándote como mujer. Tú puedes establecer límites más saludables para aislarse del abuso de ellos.

NOMBRE	PATRÓN DE ABUSO	RAZÓN POR PERMITIR EL PATRÓN DE ABUSO/MALTRATO

Este libro de trabajo está diseñado para ayudarte a ver los patrones que deseas romper Necesitarás la ayuda de un terapeuta o mentor sensible a la pareja para cambiar los patrones que no son saludables. Si te encuentras constantemente permitiendo que tu cónyuge lastime o tome ventaja de ti, busca un especialista que te ayude a romper este patrón. Si has tenido muchos traumas en tu vida, busca ayuda de un terapeuta de trauma lo cual podría ser una buena opción para ti.

Revisa las recomendaciones en la parte posterior del libro de personas que están capacitadas en trauma de traición sensible a la pareja, adicción al sexo o trauma en general.

Las mujeres necesitan sentir seguridad, conexión y confianza. Sigue trabajando en maneras que puedas encontrar personas seguras con las que puedas formar una conexión saludable para desarrollar una confianza continua. ¡Si has llegado hasta aquí en tu libro de trabajo, sabemos que estás haciendo tremendo progreso! ¡Construir seguridad, conexión y confianza toma mucho tiempo, por lo que observa tu progreso y mantén la fe de que a medida que te vuelves más saludable, también tus relaciones!

¿QUÉ MIEDOS TE SIGUEN RETENIENDO?

A medida que avanzas hacia el crecimiento postraumático, en realidad puede haber un "conocimiento" de que tienes muchos dones para compartir con otras ahora que has pasado por la Fase1 y 2 de la traición de la pareja. ¿Es posible que te preguntes cómo podrías ayudar a otras o aportar algo al mundo?

En la Fase 3 del crecimiento postraumático, es posible que desees evaluar cómo vas a seguir viviendo tu vida y haciendo la diferencia en otras.

Considera las siguientes preguntas:

¿Hay algo que te impida vivir el plan o sueño de tu vida?

_____

_____

_____

_____

_____

_____

¿Tienes reservaciones sobre tu propio sentido de confianza?

_____

_____

_____

_____

_____

A veces, el miedo te impedirá de hacer las cosas que necesitas hacer para mantener un real cambio. ¿Alguno de estos miedos podría estar interponiéndose en tu camino?

- Miedo al fracaso.

    ◦ He experimentado fracasos en el pasado cuando...

    _____

    _____

    _____

    ◦ Creo que me retuvo porque...

    _____

    _____

    _____

- Miedo a la vergüenza.

    ◦ Me da mucha vergüenza cuando...

    _____

    _____

    _____

- Miedo a lo desconocido.

  ◦ Lo que más temo es...

  _____

  _____

  _____

- Miedo al rechazo.

  ◦ Si llego ser exitosa, temo que me rechacen porque...

  _____

  _____

  _____

- Miedo a lastimar a otros.

  ◦ Si logro mis metas, tengo miedo de que lastimaré a porque le haría sentir...

  _____

  _____

  _____

- Miedo al éxito.

  ◦ Si tuviera éxito, temería...

  _____

  _____

  _____

Si el miedo te está reteniendo, es hora de enfrentarte a tus miedos con la cabeza erguida. Te recomendamos que compartas tus miedos abierta y honestamente con un miembro de tu familia, un mentor o una amiga a la que realmente respetas. A veces, el simple hecho de hablar de ello desbloquea el miedo. Si no es posible, debes hablar con un terapeuta o mentor de vida para superar los obstáculos. Si tus miedos están profundamente arraigados en tu infancia o en el dolor del pasado, un terapeuta sería lo más apropiado. Si tu miedo es acerca de sentirte incapaz de crear una estrategia para hacer realidad tus sueños, un mentor de vida personal puede ayudarte a crear un plan para salir de tu zona de comodidad.

No dejes que el miedo te inmovilice para estirarte y moverte hacia esa nueva zona de comodidad. Todos sabemos que no puedes ganar a menos que juegues. Tú has pasado por tanto y es hora de que aceptes esto ya, como dice Marianne Williamson, "Tu eres poderosa más allá de toda medida y jugar a lo pequeño no le sirve al mundo". ¡Tú absolutamente tienes lo que se necesita para moverte por este mundo con seguridad y confianza en ti misma!

¡Herramientas de responsabilidad para promover un comportamiento saludable en ti!

EJERCICIOS COGNITIVOS DE COMPORTAMIENTO: EL MÉTODO DE LOS GRAFICOS

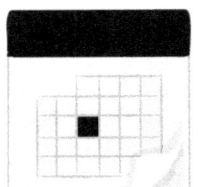

Las personas en recuperación hacen un seguimiento de su tiempo de sobriedad. Ellos saben la última vez que consumieron alcohol o drogas y saben cuál fue su primer el día limpio de su fecha de sobriedad. Ellos pueden decirte que tienen 30 días limpios o 72 días limpios o 3 años y y medio limpios. El progreso en los gráficos es útil para que puedas ver todo el trabajo que has realizado y cómo ha valido la pena en tu vida. Encontramos que la terapia cognitivo-conductual (TCC) es extremadamente valiosa como una forma concreta de realizar un seguimiento de tu progreso. La TCC refuerza los nuevos comportamientos. Te recomendamos que utilices una tabla para hacerte responsable de tu trabajo en tus metas. ¡Consulta las páginas 153-154 para ver un ejemplo de cómo hacer el seguimiento de metas visualmente atractivo!

Las gráficas visuales sirven como recordatorio de tus logros. Un gráfico te permite apreciar visualmente tu éxito, o la falta de él, con respecto a tu meta. Un recordatorio visual es un recordatorio adicional para hacerse responsable.

Es fácil desviarse cuando tu salud mental depende de la recuperación de tu cónyuge. Por lo tanto, puede ayudarte identificar comportamientos específicos que te impiden encontrar la serenidad.

Date la tarea de anotar en una cartulina cuántas veces has demostrado cualquier comportamiento nuevo. Una mujer hizo un seguimiento de sus días en DSC, que fueron sus "días sin chequear". Ella pasó los primeros dos años después de recuperarse vigilando el teléfono, los registros telefónicos, los gastos, la computadora y, finalmente, se dio cuenta de que no le gustó en quién se había convertido. Decidió usar TCC en su grupo de mujeres y vigilar sus comportamientos poco saludables y ponerlos en una lista. Esto le permitió ver su progreso, además de hacerla responsable y animarse a quedarse en el grupo. ¡Los grupos son una excelente fuente de responsabilidad y apoyo!

Una pareja divorciada sabía que siempre atraía a hombres poco saludables y juró estar fuera de relaciones poco saludables, lo que hizo fue un seguimiento de sus días de DSR, "días sin relaciones". Su grupo la animó a encontrar otras formas de conexión que fueran basadas en actividades, por lo que decidió ir a un gimnasio, tomar una clase de arte y participar en un estudio bíblico. Esto le dio tiempo para conocerse mejor a sí misma y liberarse de su necesidad de atención por parte de hombres.

A veces, TCC consiste en cambiar comportamientos. Estas son algunas de los nuevos comportamientos de los cuales puedes tener un seguimiento:

- ¿Cuántas veces has practicado el asertividad?

- ¿Cuántas veces has creado límites y has dicho "NO"?

- ¿Cuántas veces no has sido autodestructiva?

- ¿Cuántas veces no has rastreado a tu cónyuge?

- ¿Cuántas veces no has llamado a tu exmarido?

- ¿Cuántos contactos sociales has hecho en una semana?

- ¿Cuántos días seguiste tu instinto?

El Método de Gráficos aumenta la responsabilidad individual. No sólo sirve como un vehículo concreto para trazar un mapa de tu éxito, también actúa como un recordatorio visual de progreso o recaída.

HAZ CRECER TU ARBOL DE RECUPERACIÓN

Instrucciones: Escribe una meta que te gustaría seguir en la base del árbol. Escribe tu fecha de inicio debajo de él. Toma algunos lápices de colores. Por cada día que completes tu meta, llena una de las hojas con un color brillante: rojo, naranja, amarillo, verde. Si no cumples tu meta del día, llena una de las hojas con un tono más oscuro, marrón, negro, gris, etc. Los árboles contienen 60 hojas. ¡Agrégale más ramas y hojas a medida que creces en tu recuperación! Para realizar un seguimiento de varias metas, haz copias del árbol en la página siguiente. Crea tu bosque de recuperación pegando los árboles en una cartulina grande.

META:

Fecha inicial:_____ Fecha de finalización:_____ # de días meta alcanzada: _____

META:

Fecha inicial:_____Fecha de finalización:_____ # de días meta
alcanzada: _____

Trabaja tu Cuerpo

Esta sección de trabajo se trata sobre tu relación con tu cuerpo. Hay muchas razones por las cuales las mujeres luchan con sus cuerpos. Si las mujeres experimentan relaciones sexuales o trauma físico como niños, necesitarán reconocerlo y procesarlo para promover autoaceptación. Si has sido abusada, considera hacer el siguiente ejercicio.

DIBUJO DE LA IMAGEN DEL CUERPO

Esto puede ser un ejercicio emocional y puede ser mejor hacerlo con tu amiga, patrocinador, terapeuta o mentor para mayor seguridad.

Tal vez haya ocurrido algún trauma en tu vida que haya tenido un gran impacto en la imagen de tu cuerpo. Si deseas evaluar si esto pueda ser el centro de tu incapacidad para "gustarte tu cuerpo", el siguiente ejercicio puede ser útil para dejar al descubierto tus sentimientos.

Compra papel de periódico en una tienda de artículos de oficina y pídele a una amiga que venga y dibuje el contorno de todo tu cuerpo. Una vez que tengas el contorno, dibuja símbolos o elige imágenes o palabras de una revista que personifiquen tu autoimagen, imagen corporal e historias que contribuyen a tu sentido de ti misma. También puedes dibujar alrededor o fuera del contorno para identificar problemas pasados, temores o eventos.

Estas son algunas áreas comunes que puedes elegir para representar:

- Los genitales pueden estar oscurecidos con una X debido a la traición sexual o trauma anterior

- Caras vacías porque sentías que habías perdido tu identidad como esposa

- Corazón roto porque la confianza ha sido destruida

- Los ojos pueden estar cerrados con cinta adhesiva por haber visto maltrato físico

- Sin bocas por no haber podido expresarme cuando niño, o no tener el poder para hablar

- Lágrimas por el fin de relaciones

- Bebés que pueden haber sido perdidos o abortados

- Genitales que se oscurecieron debido a las ETS

Después de completar la parte del dibujo de este ejercicio, puede ser útil escribe sobre tus sentimientos. Hacerlo puede ser catártico y puede ayudarte a entender mejor cómo alguien pudo haberte traicionado y cómo esto ha jugado un papel importante en tu cuerpo. Si este ejercicio te parece demasiado perturbador, es importante conectarte con tu terapeuta para que puedan procesarlo juntas.

El cuerpo lleva la cuenta y es hora de que reclames tu cuerpo. La traición sexual no tiene por qué causar un daño irreparable, pero sí requiere conciencia en cómo te ha impactado. ¡Y cuando miras tus problemas a través de un lente diferente, puedes catapultarte a nombrar y reclamar lo que quieres cambiar! Recuerdas, que en el Capítulo 5, mientras repasabas la Declaración de Responsabilidad, te recordamos que:

- Esté preparada. Después de la traición de la pareja, es común caminar a menudo por la vida en un estado medio aturdido, inconsciente de las propias necesidades o de los propios sentimientos. Transformar tu vida requiere que estés viva y atenta. **Debes de estar preparada para trabajar duro y ser entusiasta con los cambios que ha realizado. ¡Mantente enfocada en ti! Has hecho el trabajo duro en este diario para procesar la ira y el dolor y ahora es el momento para celebrar en quién te has convertido. Tú no hubieras pedido esta prueba, pero la has usado para crecer. Eres increíble y ahora es el tiempo de adueñarte de la mujer que ha llegado al otro lado.**

CAMBIA LA FORMA EN QUE TE VES A TI MISMA: EJERCICIO DE LA IMAGEN DEL CUERPO

La distorsión corporal es común entre las mujeres. Las parejas traicionadas asumen inevitablemente que sus cuerpos no son lo suficientemente buenos para satisfacer los deseos de su esposo. Nos esforzamos en ayudar a las mujeres a aceptar sus cuerpos tal como son, independientemente de su tamaño o peso. La vergüenza por sus cuerpos solo sirve para reforzar una imagen negativa de sí mismas y esto hace que el cambio sea más difícil.

A medida que liberas la vergüenza corporal, es vital mirar a tu cuerpo como un amigo. Es importante reconocer cómo tu cuerpo te ha servido y apreciarlo exactamente como es para que puedas crear un plan sutil para mejorarlo.

Responda las siguientes preguntas:

¿Cómo ha funcionado mi cuerpo para mí?

_____

_____

_____

_____

_____

¿Qué aprecio de mi cuerpo?

_____

_____

_____

_____

_____

¿Cómo podría ser más amable con mi cuerpo?

_____

_____

_____

_____

_____

¿Cómo puedo hacer la paz con mi cuerpo?

_____

_____

_____

_____

_____

CREA UN PLAN PERSONALIZADO PARA CUIDAR MEJOR TU CUERPO

Cuando estás trabajando para mejorar tu imagen corporal, es importante ver tu cuerpo de una manera nueva mientras trabajas en tus metas.

¿Tienes una meta para tu cuerpo? En lugar de ser crítica, ¿eres capaz de identificar lo que te gusta de tu cuerpo y cómo te ha servido? Te animamos a que utilices la técnica del "reenfoque". El reenfoque es una habilidad importante para la vida porque te anima a ver las cosas de manera diferente. Por ejemplo, en lugar de pensar: "Estoy enorme" o "estoy gorda", te dices a ti mismo que eres voluptuoso, suave o con curvas. Esta mentalidad promueve el amor propio, que a su vez promueve el autocuidado. Tú eres más propensa a cambiar si te gustas a ti misma.

Ahora que tienes la mentalidad adecuada, vamos a meter manos a la obra. ¿Qué cambios específicos te gustarían hacer para obtener un cuerpo más saludable? Anota una o dos cosas específicas que te gustarían lograr y, mientras lo haces, mantén lo siguiente en mente:

- **Sé realista.** Vemos tantas mujeres que quieren "tener el mismo peso" de cuando se casaron hace veinte años. No te recomendamos en elegir un peso y pero te sugerimos que te concentres en algo más que un número.

- **Piensa de manera diferente.** Usa una palabra diferente para describir tu meta. ¿Quieres estar más en forma físicamente, más musculosa, más saludable o delgada?

- **No hagas suposiciones**. Muchas parejas asumieron que sus maridos miraban pornografía porque no eran físicamente agradables para él y porque no tenían la forma perfecta. Ellas ponen presión extra sobre sí mismas innecesariamente. Cuando ellas encontraron a su esposo en su "escondite o basura" de Internet, se sorprendieron al descubrir que a su esposo le gustaba un tipo de cuerpo que era menos que perfecto. Lo mismo puede decirse de sus amantes. Muchas mujeres han descubierto que las opciones de su esposo eran muy diferentes a las que ellas jamás lo hubieran imaginado. Frecuentemente las mujeres han entrado en un estado de incredulidad, diciendo: "¡Dios mío, la amante era dos veces su edad, o estaba en sobrepeso o era fea!" Esto no es cierto en todos los adictos, pero se aplica a muchas situaciones aventureras. Por favor no asumas que tendrías que cambiar para cumplir con imágenes de excitación de tu esposo. Tú NUNCA necesitas duplicar o recrear sus preocupaciones porque son parte de su enfermedad. Mantente fiel a ti misma y deja de hacer comparaciones. ¡Has pasado por muchas cosas!

CREA UN PLAN QUE APOYE LA META

Tendrás más éxito cuando pienses en tus metas con pequeños logros. "Perderé de una a dos libras esta semana" o "Me gustaría vestir mi talla 14 en jeans (en lugar de los 16) dentro de veintiún días". Este tipo de metas puede típicamente lograrse en un período de tiempo más corto. Además, refuerza lo positivo de los cambios de comportamiento, haciéndolos más fáciles para que tú te apegues a sus metas.

Toma medidas para eliminar un comportamiento no saludable y sigue practicándolo hasta que lo hayas vencido.

Trabaja en esto repetidamente hasta que ya no necesites pensar en ello y se convierta en algo automático. Para muchos de nuestros clientes, esto significa dejar de comer después de las seis o se mantienen alejados de las máquinas de golosinas en el trabajo.

REEMPLACE LOS VIEJOS COMPORTAMIENTOS POR OTROS NUEVOS

Concéntrate en crear comportamientos saludables para que no experimentes una sensación de privación. Perderás peso si...

- Bebes de ocho a diez vasos de agua al día

- Caminas veinte minutos diarios

- Dejas de comer después de las siete de la noche

- Comes más vegetales

- Ganas más músculo

- Desarrollas un nuevo pasatiempo que ocupe tu "tiempo de pastoreo"

Es importante que te concentres en los comportamientos saludables para llegar a tu meta. Cuando eliges un comportamiento saludable, eliges una consecuencia saludable. Eso se traduce en acciones directas:

- Cuando elijo caminar veinte minutos al día, acelero mi metabolismo.

- Cuando decido escribir lo que como, consumo menos calorías.

Al final de cada día o semana, anota tus éxitos. El alcanzar una meta requiere que tomes nota de tus logros en el camino hacia esa meta.

Las guías que acabas de leer son estrategias de vida. Crear una estrategia que trabaje para ti invita a la reflexión y es emocionante. Tendrá que integrar estas estrategias en tu rutina diaria para mantener un estilo de vida saludable. A medida que creas tú propio plan personalizado, recuerda elegir comportamientos que puedas practicar no solo por hoy, sino por el resto de tu vida.

La meta en la que me gustaría trabajar es...

_____

_____

Mi nuevo (s) comportamiento(s) saludable(s) será...

_____

_____

Una cosa que estoy haciendo bien es...

_____

_____

Un aspecto positivo de mi problema/preocupación/asunto es...

_____

_____

Un cambio que he hecho esta semana para acercarme a mi meta es...

_____

_____

Cambia Tu Manera de Pensar y Tu Metáfora

TU VIDA PUEDE SENTIRSE COMO UNA METAFORA

La vida de una pareja traicionada a menudo puede sentirse fuera de   control, pero hay muchas cosas que puedes hacer para recuperar ese control y restaurar tu sentido de sanidad. Muchas de estas cosas requieren que cambies tu pensamiento. Después de haber experimentado un trauma, tu amígdala está hiperalerta para mantenerte segura. Sin embargo, la mayoría de las parejas están buscando maneras de restaurar su propio sentido de normalidad nuevamente.

Esto requiere un cambio en tu forma de pensar. ¡Es posible que estés lista para encontrar tu nueva normalidad, y las buenas noticias son que para encontrar la serenidad se comienza con el coraje de cambiar las cosas que puedes!

A veces esto sucede normalmente, pero la mayoría de las veces esto requiere una dedicación a mirar tu vida de unas maneras nuevas que impulsarán tu pensamiento y lo moverán en una dirección positiva.

Un desafío en tu salud mental actual puede ser la charla negativa que está ocurriendo en tu cabeza. Si tienes dificultad para cambiar tu diálogo interno, es posible que tengas que cambiar tu forma de pensar.

Una de las formas más rápidas de crear un cambio es hacer un dibujo o encontrar una imagen del problema que representa tu mayor miedo.

¿Te has encontrado hablando en metáforas sobre tu situación? ¿Te oyes a tú misma hablando de "la basura" en tu vida o sintiéndote al "final de la cuerda" ¿Te dices a ti misma que esta traición te hace sentir como si te "hubiera atropellado un camión grande repetidas veces"? Recuerdo a una mujer diciéndole a su esposo: "¡Es como si me atropellaras una y otra vez con tu camioneta y cada vez que te resbalas, me atropellas otra vez!"

Este proceso de hablar en metáforas le puede pasar a todas las mujeres. Hemos escuchado que las mujeres demasiado comprometidas se sienten como "una rata en una rueda". Las mujeres con el caos en sus vidas pueden verse como que están "atrapadas en un tornado". Las mujeres que luchan con el trastorno bipolar a menudo identifican su vida como "estar en una montaña rusa". Algunas mujeres que no atienden a sus propias necesidades pueden describir su vida como ser una goma elástica estirada hasta el límite de su capacidad, sintiendo como si se fueran a romper. Las mujeres deprimidas o suicidas se han visto a sí mismas en un ataúd o enterradas en un cementerio.

¿Te identificas con alguna de estas imágenes/metáforas? Bueno, si lo haces, puedes cambiar esto revisando cómo te sientes y lo que imaginas. ¡No podemos insistir más en lo importante que es cambiar tus circunstancias enseñando a tu cerebro a ver de una manera diferente, pensar diferente, y hablar diferente a ti mismo!

Te recomendamos que dibujes esa imagen, escribas sobre ella y luego dibujes otra imagen que represente lo que preferirías creer de ti misma. Este simple ejercicio puede ayudarte a cambiarla trayectoria de tu vida.

Cuando hablas en metáforas, puedes anclar una imagen en tu subconsciente que resulta en un sentido de finalidad. Trabajamos desde la presunción de que estos ejercicios son un vehículo para desbloquear tu "estancamiento", y creemos que cuando creas una imagen diferente, estarás desarrollando un nuevo neuro-circuito que te permitirá desarrollar una mentalidad más saludable y catapultarte en pensamientos que te validan a ti misma y creencias sobre ti misma. Cuando cambias tu manera de pensar, las cosas que te rodean cambian. Por lo tanto, al utilizar nuevas metáforas, puedes acceder a tu inconsciente y permitir que surja una solución en tu pensamiento consciente. La siguiente lista incluye algunos ejemplos de ejercicios que nos han resultado útiles.

CREAR UNA IMAGEN VISUAL DEL PROBLEMA

Como se señaló anteriormente, las mujeres a menudo hablan en metáforas para describir un dilema. Ellas describen sentirse inmovilizadas y atrapadas en su propia situación. Hemos comprobado que al pedirles que creen una imagen visual les ha ayudado a ir más allá del problema identificado. Si te pidiéramos que encontraras formas de disminuir su estrés, podría aumentar la sobrecarga que ya sientes. Sin embargo, al crear un imagen visual que es diferente de lo que crees en tu psique, tú naturalmente "sabes" qué hacer para reducir o disminuir el estrés.

NOMBRA LA METAFORA

Completa las siguientes declaraciones:

Mi vida es como un...

_____

_____

_____

_____

Mi traición sexual se puede describir mejor como...

_____

_____

_____

_____

Mi hipervigilancia se puede describir mejor como...

_____

_____

_____

_____

Mi depresión se puede describir mejor como...

_____

_____

_____

_____

DIBUJA LA METAFORA

Después de haber descrito tu metáfora, dedica tiempo pensando en cómo se ve y luego haz un dibujo de ella.

A continuación, haz un dibujo de cómo te gustaría que fuera tu vida, en relación con tu metáfora. Por ejemplo puedes hacer un dibujo de un ratón descansando de su rueda y comiendo o durmiendo; tú puedes representar la calma después de un tornado; tú puedes elegir ilustrarte a ti misma como el operador que controla la velocidad de la montaña rusa, y seguir por ahí. Las variaciones de este ejercicio son infinitas.

Ahora observa cómo tu metáfora ha comenzado a cambiar en tu vida. Tal vez tu tornado haya perdido su velocidad; es posible que el ataúd ya no está cerrado con clavos; o la banda elástica no se estira tanto.

Tu mente es extremadamente hábil para crear cambios y ayudarte a llegar a dónde quieras estar, pero tienes que acceder a formas nuevas y diferentes para crear ese cambio.

DIBUJA TU METAFORA

"DONDE NO HAY LUCHA, NO HAY FUERZA"—OPRAH

Fase Tres

RESTAURACION DE UNO MISMA

CAPÍTULO 9

Ejercicios que Crean Restauración y Crecimiento Postraumático

Ejercicios que crean restauración

¡Felicidades! Estás lista para entrar a la Fase 3, lo que significa que estás lista en concentrarte en ti misma separada de la traición de la pareja. Tu reconoces que has crecido a través de esta terrible experiencia y que tienes fortalezas internas que han sido parte de ti todo el tiempo. Desde que el sufrimiento ha resultado en una gran transformación, tú estás lista para apreciar tus fuerzas, reconocer tu progreso y usar tus "capacidades" para hacer una diferencia en el mundo. Tu cerebro está nuevamente en línea y de alguna manera, realmente has **crecido** a través del trauma. Eres dueña de tus pensamientos, sentimientos y creencias y estás lista para crear tu propio destino. Esta sección es todo sobre en cómo puedes practicar el pensamiento proactivo para pasar al siguiente capítulo de tu vida.

¡Todavía habrá momentos en los que comprensiblemente cuestiones tus habilidades, pero usarás las herramientas para seguir hacia adelante en tu vida! Muchas de esas herramientas implican hablarte a ti misma de maneras amables y gentiles que promuevan el estímulo y la autosuficiencia. Será muy importante entrenarte a ti misma para alcanzar tu propio potencial, lo cual incluye la forma en que crías a tus hijos, te asocias y encuentras tu propósito y pasión. (Al final de este libro hay unos recursos que pueden ayudarte al acceso de tu potencial).

CÓMO TE HABLAS A TI MISMA

Buscar el crecer y expandirte en tu potencial requiere pensamientos positivos. Desarrollar la habilidad del diálogo interno positivo es vital para una buena autoestima, pero no simplemente sucede. Uno debe practicarlo diligentemente porque "la práctica se hace permanente".

Uno de los conceptos esenciales en el entrenamiento en la vida personal es la creencia de que las personas nacen para la grandeza. Marianne Williamson, escritora y espiritualista, o dijo mejor cuando escribió sobre la grandeza: "El jugar a ser pequeño no le sirve al mundo".

El Dr. Wayne Dyer, en su libro *El Poder de la intención*, defiende el por qué cuando estamos alineados con Dios, podemos lograr grandes cosas. Para poder implementar nuestra visión o misión en la vida requiere creer en nuestro potencial. Él cree que nuestros pensamientos crean una causa y efecto en nuestra relación con el mundo. ¿Cuántas veces has dicho: "Nunca podré volver a confiar en un hombre" o "No soy lo suficientemente inteligente como para lograr eso" o "No tengo suficiente dinero para hacer que eso suceda"? Cuando tú manifiestas estas nociones, proyectas energía que refuerza estos pensamientos negativos los cuales haces realidad.

La mayoría de las personas sólo tienen una pequeña idea de lo que realmente son capaces. Esto se debe, en parte, a los mensajes negativos que recibieron cuando eran niños, mensajes que se internalizaron y luego se repiten una y otra vez a medida que uno progresa en el desarrollo. Estos mensajes anteriores las agotan de su singularidad y luego su pareja la golpea con la traición y esto refuerza lo que ya sospechaban sobre sí mismas. ¿Cómo seria afectada tu confianza si participarías en actividades diarias o los ejercicios que te preparan para la grandeza sin importar las metas que buscabas?

Como pareja traicionada, es posible que estés llena de dudas sobre ti misma, preguntándote si eres lo suficientemente buena como para mantenerlo satisfecho. Es posible que estés jugando el juego de la comparación, miras a otras mujeres y te comparas con ellas. Es posible que te sientas agotada de preguntarte constantemente si tu relación sobrevivirá. Te puedes imaginar que te levantes todos los días, te mires en el espejo y te dijeras a ti misma: "¡Hola hermosa... vas a tener un día fabuloso!" Luego, más tarde en la mañana, haz una lectura espiritual y recuérdate a ti misma que eres una hija de Dios y que tienes todo lo que necesitas para manifestar serenidad en tu vida a través de tu poder superior. Más tarde en el día, escúchate algo inspirador que te recuerde que tienes todo dentro de ti para crear la vida que mereces. ¿Cómo sería si implantaras esos mensajes en tu corazón para que pudieras perder la pesadez de la traición de tu pareja?

Tal vez podrías aplicarlo a otras partes de tu vida. Por ejemplo, si eres una madre que se queda en casa, imagínate lo que pasaría si te recordaras a ti misma varias veces al día que está invirtiendo en lo más importante del mundo al decidir invertir en la vida humana: tus hijos. ¿Qué diferente sería tu vida a medida que avanzabas a través de una rutina normal si te dices a ti misma que la resistencia que encontrabas con tu hijo mayor era normal y natural, y mantener el rumbo asegurándole a tu hijo que había límites importantes en la vida que necesitaban ser respetados?

O tal vez eres una persona cuyos miedos y ansiedades te mantienen atrapada en el mismo trabajo o rutina de siempre. Imagínate lo que pasaría si pasaras un mes, tres meses, o un año repitiendo declaraciones que afirman tu deseo de un cambio de carrera o mudarte a otra parte del país. ¿Qué pasaría si dijeras: "Estoy en el proceso de descubrir mi trabajo perfecto" o "Estoy bien preparada para hacer una variedad de cosas y creo que hay muchas oportunidades esperándome? ¿Te motivarías a dar el paso y vivir la vida al máximo?

Pensar en negativo crea obstáculos que difuminan las posibilidades de una persona, pero utilizar el diálogo interno positivo puede reconstruir tu confianza y tu autoestima.

Las mujeres que han experimentado trauma son maestras en ver los obstáculos que les impiden vivir sus sueños. Ellas pueden decir: "No soy lo suficientemente fuerte para hacer esto por mí misma" o "Ya no creo en mí misma" o "Nunca podría moverme y dejar a mi familia cercana" o "Tengo un negocio demasiado bueno para cambiar la ubicación" o "No podré pagar el moverme". De nuevo, el pensar en negativo crea obstáculos que difuminan las posibilidades de una persona. Si esa misma mujer usara un diálogo interno positivo, ¡ella podría decidir actuar de acuerdo con su deseo de vivir en otro lugar revisando el territorio, las posibilidades de trabajo y el costo de vida para crear la realidad que ella merece!

CAMBIANDO TU DIALOGO INTERNO

No es raro que después del descubrimiento sufras distorsiones cognitivas. Tu autoestima ha recibido un tremendo golpe y te encontrarás pensando cosas como estas: "No soy valiosa". "No soy digna de ser amada". "No soy capaz de tener una relación saludable". "Soy mercancía dañada". "Siempre me estoy conformando". ¡Es imperativo que cambies activamente tu diálogo interno para que las distorsiones no te sigan a todas partes por el resto de tu vida!

- ¿Cuáles son tus distorsiones cognitivas?

  _____

  _____

  _____

- ¿Cómo ha influido en tu autoestima tu comportamiento?

  _____

  _____

  _____

- ¿Cuál es un área en la que te falta confianza?

_____

_____

_____

- ¿Cuáles son algunas formas en que puedes cambiar tu diálogo interno y apreciar esa área en la que has tenido algunas inseguridades?

_____

_____

_____

Será necesario, en un tiempo real, cuando tus pensamientos se vuelvan autocríticos, debes seguir la siguiente fórmula:

- Cada vez que te encuentres operando con negatividad y escasez, detente.

- Reafirma la creencia en términos positivos.

- Comprométete a cambiar tu diálogo interno durante noventa días. Noventa días te ayudarán a solidificar tus distorsiones cognitivas.

- Escribe los cambios positivos que ocurren en tu vida durante ese periodo.

- Asegúrate de notar cómo esto te hace sentir bien contigo misma. Tú deberías notar que comienzas a tener más confianza, independientemente de la recuperación de él.

- ¡Vale la pena llevar un diario que documente los cambios positivos que estás haciendo en tu vida!

LAS PALABRAS MOLDEAN LAS ACTITUDES: HABLANDO CON CONFIANZA

Cuando impartimos seminarios sobre cómo mejorar la autoestima y la confianza en uno mismo, nos preguntan frecuentemente: "¿Cuál es la manera número uno de transmitir una sensación de confianza?" Una de las cosas más poderosa que una persona puede hacer es hablar con confianza y con autoridad. ¿Por qué? Porque "**el lenguaje moldea las actitudes**".

La autoconfianza es una actitud o estado mental. Aunque las mujeres suelen creer que la confianza en uno misma se adquiere a través de logros o triunfos, los animamos a mirar su autoconfianza en sí mismos como una creencia en que uno mismo "sabe" que puede manejar situaciones con seguridad y de manera capaz.

Si tuvieras que evaluar el trauma por el que has pasado, ¿te imaginas verte a ti misma no sólo como una sobreviviente sino como una mujer exitosa? ¿Podrías decirte a ti misma que eres el ejemplo de cómo superar la traición? ¿Crees que alguna vez serás capaz de avanzar y ver lo que te sucedió como un catalizador para mantenerte firme y CONOCIENDO tu fuerza? Desafortunadamente, demasiados parejas no creen en sí mismos y eligen palabras que transmitan su ambivalencia.

¿Tu comunicación transmite confianza? ¿Te encuentras usando palabras como "yo pienso", "más o menos", "quizás", "probablemente" o "sólo"? Estas palabras minimizan el impacto de tus declaraciones. Estas palabras desacreditan tu punto de vista; por lo tanto, la gente no te toma en serio.

¿Hablas con seguridad o tus declaraciones se convierten en preguntas? Esto niega el carácter definitivo de la declaración. Es importante hacer afirmaciones declarativas. Mantén tus declaraciones claras, concisas y directas al punto. No hay necesidad de decirlo de una manera que requiera la validación de otra persona.

A medida que examinas tu lingüística, fíjate en cuántas veces usas palabras que denotan indecisión o ambivalencia. Las personas usan con frecuencia palabras como "intento" o "pienso". La palabra "intentar" implica que harás un intento. De nuevo, este tipo de lenguaje te prepara para el fracaso. Sabotea tu motivación porque implica que puede ser que no tengas éxito. ¡No dejes que los remanentes de la traición de tu pareja te roben tu validez y de tus metas autorealizadas!

Considere las siguientes afirmaciones:

- "Intentaré escribir en mi diario".

- "Intentaré leer mis afirmaciones."

- "Intentaré hacer dieta".

- Intentaré asistir a mi grupo de apoyo esta noche".

- "Intentaré recogerlo después del trabajo".

- "Intentaré dormir más".

Ahora, quita el "intentaré" de eso.

- **"Escribiré** en mi diario esta mañana."

- **"Leeré** mis afirmaciones."

- "Voy a **hacer** dieta".

- **"Asistiré** a mi grupo de apoyo esta noche".

- "Lo **recogeré** después del trabajo".

- **"Dormiré** más".

Esto te envía a ti y al mundo un mensaje claro. También hace una declaración de qué crees en ti misma y en tu capacidad para hacer estas cosas.

> *Eso crea confianza, lo que te hará más exitosa.*

La palabra "pensar" tiene la misma connotación: "Creo que sería una buena idea si..." "Creo que pediré una separación terapéutica". "Creo que debería considerar algunos medicamentos para mis síntomas traumáticos". Omita la palabra "pensar" y reemplácela por las palabras "sentir o creer" o "planear o tener la intención de"... entonces escuche la diferencia en la inflexión.

Si te falta confianza en ti misma o encuentras que estas declaraciones se aplican a ti, te animamos a practicar lo siguiente:

Pídele a otra persona que "te marque el tiempo" cuando escuche palabras como "sólo", "probablemente", "tal vez" o "adivinar" o cuando escuchen las palabras "pensar" o "intentar". Nosotras frecuentemente usamos esto en nuestros ejercicios grupales y descubrimos que, en promedio, ¡las personas usan estas palabras dieciséis veces en un período de cinco minutos! Este ejercicio ayuda a aumentar la conciencia y cambiar los viejos patrones. Obviamente, una vez que reconoces que usas estas palabras, es importante repetir la oración sin el calificativo, y decirlo con confianza.

Tu habilidad para hablar con confianza y asertividad afecta la forma en que los demás te ven. Eso envía un mensaje directo a tu cónyuge de que has recuperado tu confianza y que tú estás en control de tu vida. Te permite recuperar tu vida. Es imperativo que hables con autoridad. Desde que las palabras moldean las actitudes, entonces elige usar palabras que apoderen la creencia en ti misma y aumenten tu confianza. ¡Descubrirás resultados sorprendentes!

 # Usando tu cabeza, corazón e instinto

 **TRES SISTEMAS OPERATIVOS PARA FORTALECER TU TOMA DE DECISIONES**

 Una vez más, ya tienes todo lo que necesitas para tomar la decisión correcta. Puede que no lo creas, ¡pero lo tienes!

Las parejas informan con frecuencia que no están seguros en cómo manejar ciertas situaciones en la que no tienen control. Por ejemplo, una mujer podría explicar que su esposo no participa en los registros con ella y ella no sabe cómo motivarlo a que sean una prioridad. Otra mujer podría quejarse de que su esposo que no hace nada para reconocer su dolor y la hace sentir irrespetada e invisible.

Creemos que cada mujer posee la habilidad de aprovechar su energía y saber exactamente qué hacer; sin embargo, puede sentirse impotente y eso interfiere con su conocimiento. El problema no es que no cree que sepa qué hacer, y, por lo tanto, carece de confianza para hacer mejores decisiones. Ella no sabe que todas las respuestas están dentro de ella.

La fórmula para tomar decisiones saludables es simple y está garantizada en ser efectiva. Es un método infalible para acceder a ese "conocimiento". Todas las mujeres son increíblemente astutas en la evaluación de situaciones. Tal vez está en su genética de cuando en las primeras mujeres de la Tierra supervisaban la seguridad de todos, mientras los hombres estaban ausentes cazando para la comida. Tenían que saber administrar el hogar, predecir los próximos movimientos de los niños, estar atentas a la tempestad de nieve que se avecinaba y defenderse de todos los animales salvajes que podrían amenazar la seguridad de la familia. Aprendió todas estas destrezas, pero como de costumbre, sentían todo tan naturales que no se daban crédito por conocer todas estas destrezas.

Avancemos rápido a miles de años. El haber sido pareja significa que tienes realmente el acceso a tu sistema operativo y, aunque has estado en un estado de trauma y has operado en miedo desde el descubrimiento, ahora estás lista para recuperar tu habilidad de tomar decisiones, lo que te ayuda a recuperar tu vida de regreso. ¡Tú te diriges a la fase de la restauración de la traición de tu pareja y ya no quieres más el ser definida como su pareja!

Para hacer eso considera lo siguiente:

La mujer actual tiene tres mecanismos operativos escondidos en su interior a los cuales puede acceder en cualquier momento para obtener las respuestas. Una vez que aprende la fórmula, deja de repetir comportamientos destructivos y comienza a navegar por la vida con más confianza.

La fórmula es simple, y probablemente uses uno de los componentes cuando asesoras a ti misma qué hacer en una situación. El problema es que es probable que no estés usando todo el proceso para tomar las mejores decisiones. Nos gustaría hacerte la siguiente pregunta para acertar en lo que viene más natural en ti: A medida que piensas en tu propia vida, ¿qué dirías en cómo operas desde tu cabeza (intelectualmente), desde tu corazón (emocionalmente) o desde tu instinto (intuitivamente)?

Las mujeres que toman las mejores decisiones suelen operar con de los tres. Tu mente, tus emociones y tu intuición deben trabajar juntas para formular un plan real que sea fácil de usar.

PREDOMINANTEMENTE USANDO TU CABEZA

Tal vez tu eres el tipo de mujer que opera desde su cabeza y se relaciona con los demás de una manera intelectual. Los intelectuales saben quiénes son intelectualmente, pueden razonar lo que les está pasando, pero están desconectados de los resultados negativos que les están ocurriendo emocionalmente. Ellos pueden desprenderse de su intuición y, en consecuencia, perderse algunos elementos importantes que les pueden ayudar a completar el rompecabezas para asegurar un ajuste perfecto. Afecta su capacidad para comprometerse porque no han desarrollado una relación cómoda con sus emociones. Son como el viejo dicho: "No puedes dar lo que no tienes". Es decir, si no te sientes cómodo con tus emociones, no puedes compartirlas con otra persona.

Las mujeres, que son predominantemente "intelectualizadoras", utilizan primordialmente el pensamiento en sus toma de decisiones desprovistas de emociones o de su intuición. Así como tú te podría imaginar, sus relaciones carecen de pasión o emoción porque estas mujeres "piensan demasiado" las cosas. Además, son lo suficientemente inteligentes como para saber que algo hace falta en sus vidas y no pueden identificar qué es.

OPERANDO PRINCIPALMENTE DESDE TU CORAZÓN

Las parejas que operan únicamente desde sus emociones continuarán dejando que sus sentimientos dirigen el curso. Cuando se trata de relaciones adictivas, tienes que prestar atención a lo que sucede a tu alrededor para que te mantengas segura. Es importante evaluar cómo se encuentra él en la recuperación, para que puedas evaluar cómo te vas a cuidar a ti misma.

Las parejas que operan a partir de sus emociones son las más propensas a tener dificultades en sortear las complejidades de amar a alguien que tiene una adicción. Las emociones no son navegadores confiables para analizar una situación de forma objetiva. Si tomas decisiones basadas únicamente en tus sentimientos, seguirás siendo herida repetidamente.

Puede que haya pasado mucho tiempo desde que experimentaste un amor sano. Tu esperanza era que juntos hubieran desarrollado metas mutuas y compartir valores que contribuirían a la relación. Si permites que tus emociones manejen tu curso, es posible que te encuentres amando completamente a la otra persona, pero sin amarte a ti misma de verdad. Las mujeres que sólo operan desde sus corazones a menudo tienen dificultad para tomar decisiones con respecto a los límites y las consecuencias, porque ellas rutinariamente cambian basadas en sus emociones.

Ellas poseen un "buen instinto", pero no escuchan a ese sentimiento molestando que tienen sobre el comportamiento del adicto. Su intelecto también puede desarrollarse, pero rápidamente lo descartan y dejan que su corazón tome la dirección. Las parejas que utilizan sus emociones como el principal responsable de la toma de decisiones son a menudo inundadas de emociones que interfieren con la buena toma de decisiones.

USANDO TU INSTINTO PARA LIDIAR CON LAS REPERCUSIONES DE LA ADICCIÓN SEXUAL

A cada mujer se le ha dado el don de la intuición, pero puede que no hayan sido entrenadas para prestar atención a lo que su instinto le dice. La intuición es ese "sentir o saber" acerca de alguien o algo. Cuando ocurrió la adicción al sexo y descubriste su infidelidad, probablemente te culpaste a ti misma por "no saberlo", sin embargo, no podrías haberlo sabido porque él pasó toda su existencia ocultando su adicción. No había nada mal contigo o con tu intuición. ¡Él era un profesional engañándote! Ahora que conoces sus engaños, puedes contar con tu intuición para que sea tu guía.

Históricamente, creemos que las madres tienen un sentido innato de intuición bien desarrollado, crítico para la supervivencia de sus pequeños. Las parejas que escuchan a su intuición, una vez que han descubierto el comportamiento sexual, desarrollan habilidades de discernimiento que les ayudarán navegar con los daños colaterales.

Algunas de ustedes pueden decir que no tienen esa habilidad. Lo más probable es que la tengas, pero aún no lo has reconocido ni lo has honrado. La intuición es una herramienta maravillosa para operar desde ella. Sin embargo, a la mayoría de las personas no se les ha animado a escucharla o desarrollarla. La intuición es realmente la capacidad de evaluar una situación y "saber qué hacer al respecto". Cuando las mujeres toman decisiones de una relación basadas en su intuición, está garantizado que tomarán decisiones más saludables.

Esta habilidad se puede mejorar prestando especial atención a los signos que son intuitivos. Algunas mujeres dicen que tienen un conocimiento intuitivo cuando sienten un sentimiento, Oyen a su poder superior diciéndoles qué hacer, cuando algo tira de las fibras de su corazón o cuando la respuesta simplemente les llega. Todos estos son ejemplos de usar la intuición propia. Otros dicen que una vez que cuando su ambiente es silencioso, pensamientos y se enfocan, escuchan la respuesta o la orientación que necesitan.

La clave para desarrollar tu intuición es quedarte callada y esperar la respuesta. Es como un tipo de proceso meditativo en el que te conectas con el conocimiento dentro de ti. Es un proceso espiritual el encontrar una conexión tan profunda en tu interior. Hay muchos libros sobre el proceso intuitivo y como terapeuta y mentora, recomendamos a las mujeres que aprendan más sobre el regalo para que puedan acceder a él más fácilmente. También es importante aprender acerca de ello para que puedan transmitirlo a sus hijas (e hijos). Piénsalo: ¿Con qué frecuencia preguntas a tu hija que busque dentro de sí misma para encontrar la respuesta?

Hay algunas mujeres que se han entrenado para usar las tres potentes herramientas internas; su cabeza, su corazón y su intuición, sin embargo, muchas mujeres gravitan en usar solo uno. Si quieres tomar decisiones más inteligentes, tener relaciones sanas, y tratar el mundo de manera más positivamente, debes trabajar en el desarrollo de cada uno de estos dones. Al comenzar, debes saber que tomará alguna práctica el ser competente y usar tus tres herramientas.

Tómate un tiempo ahora mismo y contempla qué habilidad utilizas más. ¿Son tus decisiones basadas en lo intelectual o impulsadas por el corazón, u operas desde un sentimiento intuitivo? Ahora, decide qué habilidad usas menos. ¿Rechazas tus propios pensamientos y habilidades de razonamiento? ¿Tienes miedo de confiar en tus emociones? ¿Ignoras tus emociones intuitivas? La habilidad que menos usas es la que requerirá más desarrollo.

USANDO LA FÓRMULA LA CABEZA, EL CORAZÓN Y EL INSTINTO

Escribe una situación o problema que haya ocurrido constantemente en tu vida. Tú puedes elegir una situación que se relacione específicamente con la adicción sexual o algo que una mujer podría enfrentar en la vida cotidiana.

_____

_____

_____

_____

_____

_____

_____

Desglosa el problema abajo y pregúntate lo siguiente:

¿Qué pienso acerca de este problema y qué debo hacer al respecto mientras razono?

_____

_____

_____

¿Cómo me siento acerca de esta situación y qué me impulsan mis emociones a hacer?

_____

_____

_____

Después de quedarme callada y pensar acerca de la situación, ¿qué me dice mi intuición/instinto que haga? ¿Qué es lo que sé que debo de hacer?

_____

_____

_____

Después de haber escrito sobre la situación y de haber escrito tus respuestas, notarás que dos de los regalos se apoyan mutuamente.

> *Siempre que haya acuerdo entre dos de las herramientas, es una dirección automática en cómo necesitas manejar la situación.*

Echemos un vistazo a un problema común al que se enfrentaba una mujer y observemos cómo aplicó la fórmula de "Cabeza, corazón e intuición" para obtener más claridad en su vida.

Amy descubrió la adicción al sexo de su esposo hace aproximadamente tres años y medio. Pasó el primer año tratando de determinar lo qué le había sucedido. Ella estaba en tinieblas. Ella no estaba pensando con claridad. Ella no era capaz de comunicarse y a veces las palabras no le salían en lo absoluto. Como te puedes imaginar, ella no confiaba en sus decisiones y por lo mismo no podía confiar en sí misma. Cuando ya estaba en el segundo año después del descubrimiento, su cerebro comenzó a sanar del trauma y ella quiso establecer algunos limites saludables para que ella tuviese suficiente espacio para tomar decisiones más saludables.

Su esposo no pudo mantenerse en buena recuperación, por lo que ella no podía contar en tener una vida normal con él en su vida. Ella necesitaba un tiempo real para determinar cómo procedería y mantendría a sus hijos y a ella misma en un lugar sano. Normalmente ella usaría su intelecto—su cabeza—para analizar cómo proceder, pero su funcionamiento ejecutivo realmente estuvo fuera de servicio durante el primer año debido a la respuesta del estrés traumático. Ahora que ella se sentía mejor, su cabeza le decía que necesitaba un poco de distancia para pensar si realmente estaba dispuesta a vivir con un adicto que no estaba practicando una buena recuperación. Ella era extremadamente compasiva, así que cuando él le rogaba por su perdón cada vez que él resbalaba, emocionalmente ella quería darle una oportunidad más. Sin embargo, intuitivamente sabía que él no iba a parar hasta tocar fondo y no quería verlo caer por la hoyo del conejo.

En muchos maneras, su cabeza le recomendaba una separación terapéutica y su intuición le decía que tal vez el nunca encontraría la abstinencia. Cuando ella encontró el tiempo para escuchar a su sabiduría, sabía lo que tenía que hacer. En un mes, llamó a su red de apoyo de familiares y amigos y se mudó. Desafortunadamente, su adicción empeoró, y fue arrestado por visitar a una prostituta. El perdió su trabajo y siguió teniendo una lucha continua con su adicción. Amy está agradecida de no haber sido testigo de primera mano de su desaparición.

Sandra era una mujer de treinta y nueve años, atractiva y brillante, que se había casado dos veces antes y tenía un historial de relaciones fracasadas con hombres toda su vida. Ella era una mujer bien educada que parecía tenerlo todo a su favor, pero parecía que no era capaz de encontrar un hombre que pudiera serle fiel y amarla por lo que ella era. Ella aparentemente, lo tenía todo a su favor, excepto en la habilidad de "encontrar un amor duradero". Ella quería desesperadamente una relación y tenía dificultades en encontrar a alguien que saliera con ella por más de tres meses.

A medida que buscaba patrones en su interacción con los hombres, se hizo evidente que cuando comenzaba a salir con un hombre, lo inundaba de expectativas. Tan pronto finalizaba la primera semana y, a veces, incluso en la primera cita, comenzaba a evaluar si él era material para el matrimonio. Ella empezaba a esperar llamadas telefónicas diarias y citas frecuentes. Ella tenía relaciones sexuales con él entre las dos primeras citas y luego suponía que ella ya tenía el compromiso que tan desesperadamente necesitaba. Ella rápidamente le decía que esperaba escuchar de él para el miércoles si quería que salieran el viernes, y luego ella actuaba descontenta si el no cumplía con la fecha limite de ella. La excesiva dependencia terminaba alejando a cada hombre. Porque él en realidad no había establecido una conexión sólida con ella, él típicamente trataría de desaparecer de la escena, lo cual luego resultaba en un vociferar acerca de las señales dobles que él le había dado.

Ya que ella fue capaz de citar al menos doce relaciones que terminaron decepcionándola, ella estaba dispuesta a evaluar las cosas usando la fórmula de Cabeza, Corazón e Instinto.

Este fue el trabajo que hizo:

- **Intelectual**: ¿En qué piensa cuando usa la cabeza?

  "Cuando pienso en las cosas intelectualmente, me doy cuenta de que me estoy moviendo más rápido en la relación que los hombres con los que salgo. No les doy el suficiente tiempo para planificar las citas o llamarme. Sé que los hombres necesitan sentir que ellos están en control, y sé que tiendo a querer enseñarles cómo se hacen las citas".

- **Emocionalmente**: ¿Cómo se siente cuando usa su corazón?

  "Estoy cansada de estar sola y quiero que alguien me quiera. Cuando entro en relaciones, quiero que me persigan y por eso las colmo de afecto con la esperanza de obtenerlo a cambio. Pero cuanto más doy, más que quitan. Lo que más quiero en mi vida es que me quieran y me cuiden".

- **Intuición**: ¿Qué le dicen su intuición y su instinto sobre la situación?

  "Mi instinto me dice que vaya más despacio y deje que el tipo haga los planes. Aún antes de comenzar a enviar mensajes de texto, me pregunto si debería dejar que él me envíe un mensaje de texto primero, pero simplemente no puedo contenerme, así que inicio el contacto. ¡No quiero escuchar o confiar en mi instinto!

  "Todos mis amigos me dicen que me deje de fantasear con lo que podría ser y que me mantenga en el momento. Me temo que, si no me mantengo al tanto de las cosas, seré ignorada u olvidada, así que lo avanzo un poco. Mi instinto me dice que debo tener fe en que encontraré al hombre adecuado o que Dios se encargará de esto, pero preferiría hacerlo yo misma".

En el escenario de Sandra, su cabeza le decía que bajara la velocidad, su corazón le decía que diera incondicionalmente para que encontrara a alguien que la amara, y la intuición le decía que tuviera fe en que las cosas saldrían bien si dejaba de trabajar tan duro.

Tú puedes ver claramente que, en este escenario, la "necesidad de ser amada" de Sandra estaba saboteando lo que exactamente ella quería. Sus emociones manejaban claramente sus acciones y se interponían en el camino del resultado deseado. Cuando ella pudo ver con claridad lo que estaba pasando, pudo comprender que su trabajo implicaría usar más su cabeza y la energía de su instinto mientras salía en citas. Esto invariablemente daría el resultado que ella quería. Ella necesitaba empezar a practicar el uso de su intelecto y su intuición para crear la vida que merecía. Le tomó catorce meses, pero una vez que Sandra aprendió a usar su cabeza y su instinto en combinación con su corazón, ella pudo conocer a un hombre quien la amaba incondicionalmente y de quien pudo depender con certeza.

Esta simple fórmula es otra herramienta que puedes añadir a tu cinturón de herramientas, porque cuando las cosas no funcionan, vale la pena probar algo que sí funcione. Y qué mejores herramientas para usar, ¡que los dones especiales que se te han sido dados, como tu cabeza, tu corazón, y tu instinto!

CONOCIENDO LAS FUERZAS DE TU PERSONALIDAD

Uno de los mejores regalos que puedes darte a ti misma es reconocer tu propio valor. Cuando comenzaste este libro de ejercicios, probablemente te sentiste que te faltaba confianza en ti misma. Inicialmente, la visualización y otras técnicas de empoderamiento fueron difíciles porque "en el fondo", cuando ocurrió la traición, te dejó sin sentirte lo suficientemente buena. La crisis te robó el sentido de confianza y te dejó sin creer en ti misma. Pero aprendiste que tu autoestima no dependía de su adicción ni de las heridas que vinieron. Tú has trabajado duro y eres dueña de tu trabajo.

Parte del proceso de sanidad requiere un reconocimiento de tu propio valor. ¡Estar en el crecimiento postraumático significa que eres dueña de tus fuerzas!

¿Serías capaz de escribir 50 de tus propias fortalezas? ¿Cuáles fortalezas admiras de ti misma? Aunque este es un ejercicio desafiante, también es un recordatorio de que tu brillo como persona está dentro de ti, y que tú eres la persona que lo das por sentado. Una buena autoestima requiere saber y apreciar tus atributos. Puede que te hayan enseñado a ser humilde, pero reconocer tus fortalezas te permite crear mejor la vida que mereces.

Si tuvieras que hacer el ejercicio de fuerza de la personalidad, ¿tú naturalmente minimizarías tus fortalezas? Al principio de tu trabajo en este diario, ¿invalidaste tu singularidad y tus dones? ¿Habrías cualificado tus palabras con dudas de ti misma? Si escribiste segura de ti misma, ¿te desafiarías automáticamente porque te sientes intimidada cada vez que vas a un restaurante con tu esposo? Inicialmente, ¿te habrías comparado con todas las mujeres del restaurante y te preguntaste si él estaba fantaseando con ellas? Ahora sabes que, si él no usa sus herramientas, ¡eso es algo para que él lo tenga en cuenta y no tiene nada que ver contigo!

Incluso en el crecimiento postraumático, no es raro querer cuestionar lo positivo de tus opiniones de ti misma después de la traición sexual; sin embargo, el ejercicio está destinado a resaltar tus fortalezas y renovar tu sentido de confianza separada de él.

Pensar en 50 adjetivos positivos para describirte a ti misma puede requerir concentración. Si tienes dificultad en ello, pide a diez personas que identifiquen qué es lo que más admiran de ti. Muchas personas se resisten a preguntar a otros porque temen que los demás no puedan identificar cualquier cualidad admirable.

La verdadera confianza en ti misma requiere un cierto nivel de comodidad con tus atributos y tus inseguridades. Obtener retroalimentación de los demás reforzará lo que subconscientemente sabes de ti misma, pero has perdido tu capacidad de sentir.

Volver a entrenar tu cerebro requiere esfuerzo y has trabajado duro para romper el ciclo de la traición de tu pareja. Conociendo y adueñándote de tus fortalezas cambia quién eres y te prepara para muchas cosas fenomenales en tu vida. Puede ser útil para ti procesar esta información escribiéndola en algún lugar para que pueda ser fácilmente accesible para cuando necesites un impulso extra de confianza en ti misma. Esto es empoderador porque refuerzas tus fortalezas. Como resultado, será menos probable que te cuestiones a ti misma en la cara de tu propia autocritica. Otra vez, ¡esta es una señal del crecimiento postraumático!

DESAFÍO DE LAS FORTALEZAS DE LA PERSONALIDAD

Cuando comenzaste este proceso, probablemente fuiste demasiado dura contigo misma y te pusiste expectativas muy altas, lo cual eran inalcanzables. Este ejercicio es para ayudarte en la identificación de las fortalezas de tu personalidad lo cual fortalecen tu crecimiento postraumático y te hacen poderosa más allá de toda medida.

OBJETIVO

Este ejercicio fortalecerá tus cualidades especiales que tenías antes de la traición de tu pareja y promoverá la resiliencia, el empoderamiento y la buena autoestima. Te recordará de lo lejos que has llegado en tu jornada. Te reforzará que su adicción nada tiene que ver en cómo te veías, cómo te comportabas o qué fortalezas de personalidad poseías antes del descubrimiento de su adicción sexual.

Completa la siguiente tarea

1. Busca un lugar tranquilo y céntrate en ti durante 3 minutos.

2. Escribe 50 adjetivos/palabras que describan tu personalidad.

Las palabras deben ser positivas. Recuerde usar sólo las fortalezas de tu personalidad. Si tu piensas "Soy una buena madre", pregúntate qué adjetivos componen el ser una buena madre e incluir los adjetivos en la lista. Puede enumerar "cariñosa", "protectora" o "amorosa".

Nota: Es muy común que los pensamientos negativos surjan a medida que uno piensa en las palabras positivas. Ignora a tu crítico interno y escribe solo palabras positivas como parte de tu lista.

Recuerda que este no es un momento para ser humilde. ¡Esta es una oportunidad para nombrar y recupera tus fuerzas de antes de la traición sexual! ¡Estás reforzando todos los cambios que has hecho! Mantén esta lista cerca para que puedas recordar tus cualidades increíbles.

Una buena autoestima es la fundación que te ha permitido el ir a través de esta crisis. Existe una fórmula de entrenamiento que con frecuencia les recuerda a las parejas en cómo mantenerse firmes en su confianza:

Ser   *Hacer*   *Tener*

Tu debes **ser**, lo que implica estar conectado con el poder dentro de ti. Tú debes **hacer** el trabajo para moverte más allá de la traición de tu pareja, lo que asegurará que tu debes **tener** un sentido más fuerte de ti misma y empoderamiento.

Fortalezas

1.	26.
2.	27.
3.	28.
4.	29.
5.	30.
6.	31.
7.	32.
8.	33.
9.	34.
10.	35.
11.	36.
12.	37.
13.	38.
14.	39.
15.	40.
16.	41.
17.	42.
18.	43.
19.	44.
20.	45.
21.	46.
22.	47.
23.	48.
24.	49.
25.	50.

CAPÍTULO 10

Tú Has Cambiado

¡AHORA ES EL MOMENTO DE ENCONTRAR TU PROPÓSITO!

Tú Has Entrado en un Crecimiento Postraumático

Este libro de ejercicios fue diseñado para ayudarte a superar el trauma y volver a enfocarte en ti. Una vez que hayas evaluado lo que necesitas para sentirte feliz, será mucho más probable que tengas el deseo de actualizar tu potencial.

Su adicción te ha cambiado, pero tomaste la decisión de usar el trauma para ser más fuerte y saludable. Ya no te defines por el trauma de la traición. ¡Tú te has vuelto resiliente! Ahora que has recuperado tu sanidad, es posible que esté buscando formas de dar o ayudar a otros a cambiar. Es posible que desees ayudar a otras parejas que están luchando con el descubrimiento de que sus cónyuges tienen una adicción. Es posible que decidas ser voluntaria en la escuela de tu hijo para tener más particip ación en el medio ambiente de tu hijo. Es posible que decidas escribir unas memorias para ayudar a otras mujeres que están pasando a través de la traición de la pareja.

Una vez que entras en el crecimiento postraumático, reconocerás tus cambios y te sentirás tan agradecida de que "tu espíritu ha vuelto" y de que tengas un sentido renovado de energía para contribuir al mundo. Posiblemente has sentido un empujón para crear más sentido de tu vida.

¿Has sentido que algo te toca la fibra sensible del corazón para actualizarlo o perseguirlo?

Cuando las cosas se calman y las distracciones son pocas, ¿hay una sensación persistente de que continúa persiguiéndote, recordándote que hay un llamado dentro de ti que puedes estar eligiendo ignorar, tal vez debido a limitaciones de tiempo o de la necesidad de quedarte firme en tu curso de recuperación? Nos alegramos de que estés controlando tu ritmo y no asumiendo demasiado, pero si cuando decidas moverte hacia la búsqueda de tu propósito, ¡te apoyamos de todo corazón!

Cuando sea el momento adecuado, sabrás que es hora de perseguir esa visión. Tú sólo vives una sola vez, por lo que es absolutamente tu responsabilidad de aprovechar al máximo tu vida. Esta vida no es un ensayo general. "Ve por el gusto" y actúa según tu intuición y tu conocimiento de que tienes más cosas que hacer en tu vida. Si crees que estás atrasándote por falta de confianza o inseguridad, enfréntate a tu vulnerabilidad y empuja hasta superarla. Si crees que el miedo puede estar frenándote, muévete más allá de los miedos que pueden mantenerte como un espectador en tu propia vida y hazlo de todos modos!

Tú has pasado por muchas cosas, y te ves a ti misma como si hubieras llegado al otro lado de esta crisis con fuerza y sabiduría acumuladas. Esto requiere que hagas un esfuerzo concertado para "estirarse" o "salir de tu zona de comodidad".

Inevitablemente cuando eliges estirarte, estás tomando la decisión de hacer algo diferente. Esto te dará el sabor de algo nuevo y te guiará a través de un crecimiento en experiencia. Esto se sumará a tu repertorio de experiencias de vida y aumentará tus habilidades en la vida. Le decimos a las mujeres que no necesitan tener éxito. Su éxito llega no del resultado, sino de pasar de una zona de comodidad al siguiente nivel, lo que generalmente implica tomar riesgos, practicar diferentes habilidades y estirarte de tu zona de comodidad lo suficiente hasta sentir miedo. Brené Brown llama a esto "Atreverse en gran medida" y cita a Theodore Roosevelt diciendo: "El crédito pertenece al hombre que está actualmente en la arena... que se gasta así mismo en una causa digna. Quien en el mejor de los casos conoce al final el triunfo de los grandes logros y quién en el peor de los casos si fracasa, al menos fracasa atreviéndose en gran medida". En otras palabras, no es el resultado; es el esfuerzo que hace una persona para hacer algo diferente que genere un cambio sostenido y realmente hace una diferencia.

Dicho esto, también creemos que es imperativo que tengas un plan de juego para

llevarte a dónde vas. Si constantemente sientes ese pequeño recordatorio que te roe que necesitas hacer algo nuevo, debes planificar para eso.

¿Hay algo en tu vida que te encantaría perseguir, pero tú a lo mejor no sabes cómo hacerlo realidad o tu miedo te impide hacerlo?

Vive tu vida al máximo

Creemos que naciste para grandeza y que has escuchado "ese suave susurro" que te ha animado a perseguir tu pasión y actualizar tus sueños.

¿Qué ha estado tocado las fibras de tu corazón? Cuando lo escribes, esto es más probable que lo logres.

_____

_____

_____

_____

_____

_____

_____

_____

_____

_____

_____

_____

_____

_____

Hemos trabajado con miles de mujeres quienes, durante su tratamiento o mentoría, han identificado cosas que siempre han querido hacer.

Rodéate de frases alentadoras que te recuerden tu brillo. Te recomendamos que compres las frases de Marianne Williamson de Regresa al Amor y colócalas en algún lugar donde lo veas varias veces al día para recordarle su resiliencia continua.

Conclusión

Trabajando a través de la traición de la pareja ha requerido una gran fortaleza e inmenso coraje. Tu has recorrido el proceso y tu trabajo es seguir trabajando desde la tercera fase de sanidad conocida como restauración. Es probable que hayas podido ver que el estrés postraumático también ha contribuido al crecimiento postraumático, lo que significa que este proceso ha fortalecido el sentido de ti misma y de lo que vas a aceptar en la vida.

Ahora que has terminado este libro de trabajo, confiamos en que puedas ver tu progreso y reconocerlo. Sabemos que ahora eres una mujer muy diferente y que has invertido en ti misma y has hecho el trabajo necesario para sanar de la infidelidad.

Aplaudimos el tiempo que has dedicado en mejorar tus habilidades y sabemos que lograrás que se satisfagan tus necesidades debido a todo tu arduo trabajo.

Nuestra misión es mejorar la vida de las parejas mediante la concientización y la enseñanza de habilidades necesarias para cambiar sus vidas. Si deseas compartir este trabajo con otra mujer que necesita fortalecer el sentido de sí misma, estamos complacidas en decirte que hemos creado otra versión para las mujeres que quieren la oportunidad de crecer, pero es posible que no haya experimentado la traición y el trauma que enfrentaste. Ese libro se llama *Transformaciones: La Jornada de una Mujer en su Autodescubrimiento* y utiliza muchos de los mismos ejercicios para el crecimiento personal sin el catalizador del trauma por el que has pasado debido a la traición de tu pareja.

Sabemos que todas las mujeres necesitan apoyo para avanzar en sus vidas. Gracias por permitirnos ser parte de tu sanación.

¡Que tu viaje sea bendecido, ya que también mejorarás la vida de las personas a las que tu impactas...especialmente tus hijas, madres y amigas!

Carol y Christine

Bibliografía

Adams, Kenneth M. *Silently Seduced: When Parents Make Their Children Partners.*(Seducido silenciosamente: cuando los padres se hacen socios de sus hijos.) Rev.& updated ed. Deerfield Beach, FL: Health Communications, 2011.

Amen, Daniel G. *Change Your Brain, Change Your Life: The Breakthrough Program for Conquering Anxiety, Depression, Obsessiveness, Lack of Focus, Anger, and Memory Problems.*(Cambia tu cerebro, cambia tu vida: el programa innovador para conquistar la depresión, la obsesión, la falta de concentración, la ira y los problemas de la memoria). New York: Harmony Books, 2015.

Carnes, Patrick J. *The Betrayal Bond: Breaking Free of Exploitive Relationships.* (El vínculo de la traición: librándose de las relaciones explotadoras). Deerfield Beach, FL: Health Communications, 1999.

---. *Out of the Shadows: Understanding Sexual Addiction.* (Fuera de las sombras: entendiendo la adicción sexual). Center City, MN: Hazelden Publishing, 2001.

Carnes, Stephanie et al. *Facing Heartbreak: Steps to Recovery for Partners of Sex Addicts.* (Enfrentando un corazón roto: pasos para la recuperación de las parejas con adicción sexual). Carefree, AZ: Gentle Path Press, 2012.

Carnes, Stefanie. *Mending a Shattered Heart: A Guide for Partners of Sex Addicts.* 2nd ed. (Reparando un corazón destrozado: una guía para parejas de adictos al sexo). Carefree, AZ: Gentle Path Press, 2011.

---. *Courageous Love: A Couple's Guide to Conquering Betrayal.* (Amor valiente: una guía de parejas para conquistar la traición). Carefree, AZ: Gentle Path Press, 2020.

Caudill, Janice y Dan Drake. *Full Disclosure: Preparing Partners for Full Disclosure.* (Divulgación completa: Preparando a las parejas para la divulgación completa). Kintsugi Recovery Partners, 2019.

---. *Full Disclosure: Seeking Truth After Sexual Betrayal, Vol.1 for Partners: How Disclosure Can Help You Heal.* (Revelación completa: buscando la verdad después de la traición sexual, Volumen 1 para parejas: Cómo la divulgación puede ayudarle a sanar).

---. *Full Discolsure: Seeking Truth After Sexual Betrayal, Volume II for Partners: Preparing for Disclosure on Your Terms.* (Revelación completa: buscando la verdad después de la traición sexual, Volumen II para parejas: Preparación para la divulgación en sus términos).

Cloud, Henry, and John Townsend. *Boundaries: When to Say Yes, How to Say No to Take Control of Your Life.* (Límites: cuándo decir sí, cómo decir no para tomar el control de tu vida). Grand Rapids: Zondervan, 1992.

---. *Boundaries in Marriage.* (Límites en el matrimonio). Grand Rapids: Zondervan, 2002.

---. *How People Grow: What the Bible Reveals about Personal Growth*. (Cómo crecen las personas: Lo que la Biblia revela sobre el crecimiento personal). Grand Rapids: Zondervan, 2001.

---. *Safe People: How to Find Relationships that Are Good for You and Avoid Those that Aren't*. (Personas seguras: Cómo encontrar relaciones que sean buenas para ti y evitar las que no lo son). Grand Rapids: Zondervan, 2016.

Corley, M. Deborah, and Jennifer P. Schneider. *Disclosing Secrets: An Addict's Guide for when, to whom, and How Much to Reveal*. (Revelando secretos: una guía para adictos para cuándo, a quién y cuánto revelar). Tucson, AZ: Recovery Resources Press, 2012.

Courtois, Christine A. *It's Not You, ItOs What Happened to You: Complex Trauma and Treatment*. (No eres tú, es lo que te pasó: trauma complejo y su tratamiento). Self-published: Telemachus Press, 2014.

Denison, Beth. *12-week Partner Recovery GuideJourney to Healing from Sexual Betrayal*. (Guía de recuperación de pareja de 12 semanas jornada hacia la sanidad de la traición sexual). Fortworth, TX: Austin Brothers Publishing, 2020.

Hall, Laurie. *An Affair of the Mind*. (Una aventura de la mente). Colorado Springs: Focus on the Family, 1996.

Keffer, Sheri. *Intimate Deception: Healing the wounds of Sexual Betrayal*. (Decepción íntima: sanando las heridas de la traición sexual). Grand Rapids: Revell Baker Publishing Group, 2018.

Magness, Milton S. *Stop Sex Addiction: Real Hope, True Freedom for Sex Addicts and Partners*. (Pare la adicción al sexo: Esperanza real, verdadera libertad para los adictos al sexo y sus parejas). Las Vegas, NV: Central Recovery Press, 2013.

Porges, Stephen W. *The Polyvagal Theory: Neurophysiological Foundations of Emotions, Attachemnt, Communication, and Self-Regulation*. (La teoría polivagal: Fundamentos neurofisiológicos de las emociones, apego, comunicación y autorregulación). New York: W.W. Norton, 2011.

Sheets, Carol J., and Allan J. Katz. *Help. Her. Heal.: An Empathy workbook for Sex Addicts to Help Their Partners Heal*. (Ayuda. A ella. A sanar.: Un libro de ejercicios de empatía para ayudar a sus parejas a sanar de la adicción sexual). Sano Press, 2019.

Sheets, Carol J., and Christine Turo-Shields. *Transformations: A Woman's Journey of Self-Discovery*. (Transformaciones: El viaje de una mujer en su autodescubrimiento). Sano Press, 2020.

Steffens, Barbara A., and Marsha Means. *Your Sexually Addicted Spouse: How Partners Can*. NJ: New Horizon Press, 2009.

Van der Kolk, Bessel A. *The Body Keeps the Score: Brain, Mind and Body in the Healing of Traume*. (El cuerpo lleva la cuenta: cerebro, mente y cuerpo en la curación de trauma). New York: Viking, 2014.

Weiss, Douglas. *Married and Alone: Practical Exercises for Healing*. (Casados y solitarios: ejercicios prácticos para la sanidad. Colorado Springs: Discovery Press, 2011.

Recursos

ORGANIZACIONES DE ENTRENAMIENTO SENSIBLES A PAREJAS

- La Asociación de Especialistas en Trauma de Parejas de Adictos al Sexo APSATS.org. Tienen un directorio para encontrar Médicos Especialistas Sensibles A Parejas y apoyadores.

- El Instituto Internacional para Profesionales de Trauma y Adicción IITAP. org. Tienen un Directorio para encontrar terapeutas certificados en la adicción sexual y especialistas en parejas.

- La Asociación de Especialistas en Estrés Traumático ATSS. Es una organización internacional dedicada a la excelencia en los servicios y apoyo a las personas impactadas por trauma.

LÍNEA DIRECTA DE TRAUMA

- Línea directa de trastorno de estrés postraumático: 1 (800) 273-TALK (USA)

CURSOS EN LINEA PARA SENSIBLES A LA SANIDAD DE PAREJAS

- www.sexhelpwithcarolthecoach/HelpHerHeal
  Curso en línea de empatía para ayudar a sus parejas a sanar de la adicción del sexo

- www.sexhelpwithcarolthecoach/PartnersFindYourPostTraumaticGrowth
  Curso en línea de crecimiento postraumático para mover a las parejas más allá de la traición

- www.affairrecovery.com Albergando esperanza: Curso en línea para cónyuges traicionados

SITIOS WEB SENSIBLES PARA PAREJAS, TERAPEUTAS Y APOYADORES

- Carol Juergensen Sheets, también conocida como Carol la Apoyadora

  - https://www.sexhelpwithcarolthecoach.com

  - ◦ https://www.carolthecoach.com

- Christine Turo-Shields, LCSW, certificada en EMDR

  - http://www.kenosiscenter.com

- Marnie Breecker

  - http://www.helpingcouplesheal.com

- Lyschel Burkett. Hope Redefined (Esperanza Redefinida) ofrece grupos de apoyo en línea basados en la fe, con apoyadores, para mujeres que se enfrentan a la traición sexual

  - http://www.HopeRedefined.org

- Jodi F. Conway

  - https://www.newenglandrecoveryassociates.com

  - https://www.newenglandrecoveryassociates.com → GROUPS & WORKSHOPS → MENS HOW TO REPAIR YOUR RELATIONSHIP GROUP

- Beth Denison

  - https://www.theresstillhope.org/hope-for-the-spouse

- Donna Meredith Dixon. Capacitación de facilitadores entre compañeros ADOH

  - https://www.lifeisahead.com/

- Gaelyn Rae Emerson

  - https://www.womeneverafter.com
    Apoyo especializado para el duelo relacionado con traición, divorcio relacionado con traición y el redescubrimiento de sí mismo después del trauma relacional

- Debee Ferree

  - coachdebbieferree@gmail.com

- Grupos de parejas de apoyo local y en línea/apoyo cara a cara

  - https://www.SalHarper.com

- Leanna Harvey

  - https://www.lighthouse-counseling.com

- Susan Hastie. Grupos en línea para parejas femeninas

  - https://szhastie.wixsite.com/susan-hastie

- Rebecca Hogg

  - www.canvascw.com (Servicios de terapia)

- Fran Hopwood y Richard Butler. Ayuda para Socios, Parejas y SAS

  - www.holding-hope.com

- Grace Ventures, LLC Servicios de Consejería y Apoyo

  - www.gvcounsel.com, gvcounsel@gmail.com

- Rebecca Maestas, LCSW, CCPS. Consejería Cristiana y Apoyo

  - www.becomingyou.coach

- Shawna Meek, CPC, PCC, CPC. Grupo de Apoyo para Mujeres con Trauma de traición

  - www.livingstonescoaching.com

- Grupo de apoyo para parejas - Michigan / Telesalud

  - www.northpoint-counseling.com

- El Proyecto La Verdad Desnuda en el Reino Unido

  - https://www.nakedtruthrecovery.com/wholehearted

- Kirsi Paulin. Trabajos Sensibles a Parejas en Europa, Finlandia

  - www.tnnky.fi/salvia

- Kim Petroni

  - https://www.coachinghope4u.com

- Jenni Rochelle, Especialista en Trauma por Traición

  - www.jennirochelle.com

- Two Hearts Coaching, Grupos de Apoyo en Línea para Parejas

  - www.twoheartscoaching.com

- Karen Rellos

  - www.Redeeming-love.com, karenrellos@gmail.com

PODCASTS

- Carol la Apoyadora

  - https://blogtalkradio.com/sexhelpwithcarolthecoach.com

- Carol la Entrenadora de APSATS.org

  - https://blogtalkradio.com/betrayalrecoveryradio.com

- Raza y recuperación para las mujeres de color. Andrea Rogers

  - https://podcasts.apple.com/us/podcast/betrayal-recoveryradio/id1396715281?i=1000475345238

- Terapia extendida con Liza Young

  - https://www.lizayoungcounseling.com/podcast

BLOGS

- www.Pornandsexaddiction.net El viaje de una pareja

- Carol la Apoyadora

  - https://www.sexhelpwithcarolthecoach.com

  - https://www.carolthecoach.com

INTENSIVOS

- Apoyo para las parejas cuyos cónyuges están en el Instituto Comenzar de Nuevo

  - https://www.beginagaininstitute.com/product/partners

  - Programa de apoyo para parejas comenzando de nuevo. Todos los días del intensivo, las parejas reciben un correo electrónico motivándolos con recursos educativos para ayudarles a navegar el trauma de la traición. Las parejas también reciben 10 horas de apoyo grupal con otras parejas cuyos seres queridos están en el mismo BAI intensivo. Hay un centro privado Grupo de Facebook donde las parejas se reúnen las 24 horas del día, los 7 días de la semana y se apoyan mutuamente.

- Intensivos para parejas, parejas traicionadas y actores Recuperación de la relación CORE www.HopeForUs.com

- Dra. Crystal Hollenbeck

  - Tres días intensivos de sanidad del trauma

  - www.CrystalHollenbeck.com

RETIROS

- Hope Redefined ofrece sanación intensiva basada en la fe para mujeres que enfrentan traición sexual. www.HopeRedefined.org

VIDEOS DE YOUTUBE PARA PAREJAS Y ADICTOS

- Ayuda sexual con Carol, la apoyadora para la adicción sexual/traición de pareja/emparejamiento

- Carol, el apoyadora para el establecimiento de metas

- Hojas de Carol Juergensen para actualizar tu potencial

Acerca de Carol

Carol Juergensen Sheets, ACSW, LCSW, CSAT, CCPS-C, PCC es una trabajadora social muy prestigiosa, apoyadora de vida personal y una reconocida autora de autoayuda quien aporta una variedad de experiencias a sus clientes y lectores, incluyendo haber trabajado en escuelas, hospitales y en salud mental por más de 40 años. Ella ha trabajado durante 4 décadas facilitando miles de grupos para mujeres y adolescentes. Adicionalmente, Carol se ha dedicado las últimas 2 décadas en ayudar a hombres y mujeres a manejar su adicción al sexo y ayudar a parejas traicionadas a trabajar a través del trauma sexual y la traición relacionada. Es terapeuta sexual y de relaciones individuales y de parejas, muy querida por personas en todo el país y más allá.

Carol completó su maestría en la honorable institución, Escuela de Trabajo Social de la Universidad de Indiana. Actualmente está facilitando talleres populares sobre relaciones tanto a nivel estatal como nacional. Carol realiza talleres anuales para el Instituto Internacional de Trauma y Adicciones para Profesionales. Ella también es una venerada entrenadora de la Asociación de Especialistas en Trauma para Parejas de Adictos al Sexo y es consultora clínica y mentora para APSATS.

Carol disfruta mucho facilitando el trabajo en grupo y en parejas y ha facilitado miles de grupos en las últimas 3 décadas. Ella ha sido una ejecutiva muy solicitada y mentora personal por más de 15 años y le encanta motivar a sus clientes a alcanzar su mayor potencial.

El libro de apertura de Carol, *Ayuda. A ella. A sanar.* se ha vendido en países alrededor del mundo incluyendo Canadá, Dinamarca, Japón, Inglaterra, Francia y Australia. Escrito principalmente para las parejas masculinas de esposas, prometidas y novias (pero también extremadamente útil por mujeres y parejas), *Ayuda. A ella. A sanar.* Trata con asistir a los hombres con problemas de comportamiento sexual para desarrollar sus habilidades relacionales para ayudar a sus parejas a sanar a través del poderoso uso de la empatía.

Ayuda. A ella. A sanar. explora la necesidad de que el adicto al sexo trabaje tanto en sus necesidades individuales de recuperación y sus habilidades relacionales. Para que los adictos puedan navegar a través de la devastación causada por su adicción sexual, Carol les enseña lo más importante firma de la fórmula RVR (AVR), que es Reconociendo el problema, Validando el sentimiento primario, y luego Reafirmar a la pareja traicionada de los cambios que se están realizando.

El libro aborda bellamente en cómo los hombres pueden acceder y desarrollar empatía por sus parejas femeninas, en particular revisando sus miedos y necesidades con su pareja practicando comportamientos y prácticas saludables. El libro ayuda a los hombres a lidiar con el conflicto después de la traición, así como técnicas para mantenerse fuertes mientras ayudan a sus parejas a sanar. Por último, *Ayuda. A ella. A sanar.* aborda hábilmente los rituales complejos de conexión, confianza y restauración que pueden sanar una relación rota.

Carol cree en enseñar a las personas cómo vivir sus mejores vidas en el romance y en la vida en general. Ella ha sido anfitriona en programas de radio y podcasts a lo largo de toda su carrera profesional. También conocida como "Carol la , Carol es Mentora a anfitriona de www.blogtalkradio.com/sexhelpwithcarolthecoach para ayudar a sus oyentes a comprender las complejidades de la adicción sexual y la traición de la pareja. Ella también presenta un podcast específicamente para parejas para ayudarles a navegar a través del trauma de la traición sexual llamado, www.blogtalkradio.com/betrayalrecoveryradio para APSATS.org.

Carol también organiza teleseminarios altamente productivos que incluyen el establecimiento de metas, construcción de relaciones y atajos hacia una autoestima positiva.

Carol ha escrito columnas en periódicos y revistas para ayudar a las personas a crecer emocionalmente y mejorar su bienestar. Puedes leer más de 500 artículos sobre ella en el sitio web www.carolthecoach.com o vaya a su sitio web de adicción al sexo para adictos al sexo o parejas en: www.sexhelpwithcarolthecoach.com.

Cuando se le pregunta sobre su profesión, Carol dice: «¡He sido bendecida en ayudar a personas alrededor del mundo! Mi trabajo ha sido una plataforma para la psicoterapia, conferencias para hablar de compromisos, radio y televisión, artículos de periódicos y revistas y ahora los libros que ayudan a hombres y mujeres a sanar. Temprano en mi vida aprendí que mi pasión era ayudar a las personas a navegar a través del trauma de su niñez y vida adulta y llevarlas a un crecimiento postraumático donde se desarrollarían resiliencia y actualizarían su potencial.»

Carol Juergensen Sheets es autora de más ventas para la prestigiosa compañía publicadora Sano Press.

Carol Juergensen Sheets, ACSW, LCSW, CSAT, CCPS-C, PCC
Terapeuta Certificada EMDR
Apoyo Estratégico y Terapias
3815 River Crossing Pkwy, Suite 100 Indianápolis, IN 46240
(317) 847-2244 | carol@carolthecoach.com

Acerca de Christine

*C*hristine Turo-Shields, ACSW, LCSW, LCAC aporta esperanza y humor, energía y entusiasmo a su trabajo con niños, familias y adultos. Por más de 30 años, ella ha brindado terapia en una variedad de entornos, incluyendo individual, matrimonial, familiar y consejería en grupo. Su especialidad es rica en varias áreas de pasión clínica, incluyendo el potencial de las mujeres, los trastornos de ansiedad/pánico, la depresión, el abuso/trauma/trastorno de estrés postraumático (TEPD), adicciones, así como con aquellos que son superdotados/profundamente dotados. Combinando Terapia Cognitivo-conductual (TCC) con la plena conciencia y la esperanza en el futuro, Christine lleva a las personas a un lugar de recuperación y restauración, cualquiera que sea su lucha, incluyendo una exploración de aspectos de la fe y la espiritualidad en medio de su jornada en la vida.

Christine completó su maestría en la Escuela de Ciencias Sociales de la Universidad de Indiana donde se imprimieron profundamente los valores de empoderamiento y autocuidado sobre ella. Es presentadora de talleres a nivel estatal y nacional en una variedad de temas clínicos, incluyendo los problemas de la mujer, crecimiento postraumático, trauma y la recuperación de la pérdida de un sobreviviente, la fe y la espiritualidad, el manejo de la ansiedad, así como las bendiciones y cargas de los dotados y sus familias.

Ella es una ávida creyente en el poder de la sanidad a través de grupos y ha facilitó miles de grupos de mujeres y adolescentes con Carol Juergensen Sheets en las últimas 3 décadas. Actualmente facilita un grupo para mujeres dotadas que luchan contra la ansiedad y la depresión, así como el grupo de la regulación de las emociones/ansiedad. Ella fue extremadamente bendecida y honrada de facilitar un grupo de crecimiento postraumático para aquellos que habían experimentado la pérdida de un ser querido en una muerte traumática; fue una de las más profundas y humillantes experiencias de su carrera profesional.

Christine está certificada en Terapia EMDR (Desensibilización por Movimientos Oculares y Reprocesamiento), que es un tratamiento altamente efectivo para el trauma. Como miembro de la Junta Estatal de la Fundación Americana para la Prevención del Suicidio (AFSP) en Indiana, ella trabaja extensamente con sobrevivientes de pérdidas por suicidio, incluyendo entrenamiento de prevención de suicidio en iglesias locales, escuelas y organizaciones interesadas. Ella también tiene especialidad clínica con mujeres que sufren de trastornos del estado de ánimo perinatal, y ha sido presentadora invitada por Apoyo Posparto Internacional (PSI) en

Indianápolis entrenando sobre la efectividad de EMDR para aquellos que han experimentado un trauma de parto o han tenido antecedentes de abuso sexual.

Adicionalmente, es una proveedora capacitada a nivel nacional para el Centro Nacional de Niños Desaparecidos y Explotados y es miembro de la Red de Defensa Familiar del NCMEC, proveyendo servicios terapéuticos y apoyo a las familias locales con niños desaparecidos y explotados para dirigir el trauma familiar, la reunificación y el ajuste.

Como copropietaria de Kenosis Counseling Center, Inc., de una práctica privada comunitaria ella provee supervisión clínica a los graduados interinos, así como a los profesionales que están trabajando para obtener la licencia. Guiándolos a medida que se desarrollen en sus habilidades clínicas, ella anima a los cuidadores profesionales a hacer también del autocuidado una prioridad, ser más conscientes y practicar el equilibrio para que florezcan en lugar de existir. Ella ha recibido entrenamiento a través de Programa Vanderbilt para Médicos Angustiados y ha trabajado para apoyar a los médicos a medida que navegan presiones profesionales. Christine cree que la inversión diaria en uno mismo mejora la capacidad de atender las necesidades de los demás, tanto personal como profesionalmente, a largo plazo.

Como extrovertida consumada, Christine siempre está abierta a brindar capacitaciones...para informarse, puede enviarle un correo electrónico a christine@kenosiscenter.com o visitar el sitio web www.kenosiscenter.com

Christine Turo-Shields ACSW, LCSW, LCAC
Terapeuta Certificada EMDR
Centro de Consejería de Kenosis, Inc.
1678 Fry Road, Suite D. Greenwood, IN 46142
(317) 865-1674 | christine@kenosiscenter.com

Acerca de Shann

Shann Davis se acercó a mí y me preguntó si podía facilitar una traducción al español de *Desatando tu poder*. Ella sintió que las culturas hispana y española se podrían beneficiar mucho de este libro guía. Juntas nos reunimos con mi editor Darrin Ford de Sano Press, y aceptó asumir el costo adicional de la traducción y traducir DTP.

Shann vio que las culturas de habla español se beneficiarían de esta información. Ella tiene un lugar especial en su corazón para las muchas mujeres con las que ha trabajado en Texas, España y México.

Como miembro de la Iglesia Lakepointe en Rockwall, Texas, Shann ha tenido la oportunidad de trabajar con muchas mujeres de diversas culturas a través de su ministerio. Porque la Iglesia Lakepointe tiene iglesias en español en Texas como en México, Shann reconoció la falta de material de sanidad en español. Con la creencia de que todas las mujeres deberían tener acceso a recursos para ayudarlas a sanar, Shann se acercó a Carol Juergensen Sheets para poner en marcha esta traducción. Con un fuerte deseo de ayudar a las mujeres a encontrar su identidad en Cristo, Shann ha hablado y motivado a miles de mujeres en todo el mundo. Con las asociaciones más recientes de Lakepointe Church en España, Shann regresará a España con la esperanza de brindar la versión en español de *Desatando tu poder* a otra región de mujeres de habla español.

Su deseo es ayudar a las mujeres y las parejas a navegar por los caminos complicados y, a veces, desordenados de la vida y aprender a prosperar, ya sea individualmente o como pareja. Aunque no se limita a esta área, ha adquirido mucha capacitación en el campo del trauma de traición desde que obtuvo su maestría en Psicología con énfasis en Entrenadora de Vida.

Parte de su capacitación incluye APSATS (Asociación para parejas de adictos sexuales), ERCEM (Modelo de empatía para parejas de recuperación temprana), BTRL (Líder religioso de trauma por traición) y ADOH (Capacitación para facilitadores de Una Puerta de Esperanza). También se ha formado como voluntaria de Difusión y Apoyo Casa Segura con la Fundación Poiema la cual lucha contra el tráfico de humanos.

Con un BBA en Contabilidad, Certificación en Educación Secundaria (negocios y danza a nivel de escuela secundaria), Shann ha iniciado con éxito 8 negocios (dos de los cuales aún dirige) y tiene una Maestría en Psicología con énfasis en Entrenadora de Vida. Shann es directora del ministerio «Hermanas en una Jornada» (Sisters on a Journey), que facilita un grupo para ayudar a las mujeres que han sido traicionadas por los pecados sexuales de sus cónyuges (pornografía, aventuras físicas, aventuras emocionales, etc.). También es miembro de la Junta Directiva del Ministerio «Hermanas de Gracia» (Sisters of Grace) que brinda atención y recursos para mujeres que experimentan cualquier forma de abuso doméstico y también en el ministerio «Stephen».

Acerca de Sonia

Sonia M. Agrinsoni nació y creció en Puerto Rico, pero se mudó a Boston, MA, cuando era joven adulta. Mientras estaba en Boston, el Señor la llamó al ministerio. Estudió en el Seminario Teológico Centroamericano (SETECA) en Guatemala y se graduó con una licenciatura en Teología. Participó en trabajo misionero en América Central. Actualmente está terminando su maestría en Teología en Southwestern Seminary.

Sonia es una oradora frecuente en conferencias y se considera una defensora de las mujeres. Es intérprete para Woman of Faith en Dallas y traduce artículos para revistas cristianas. Actualmente está estudiando el trauma por traición de pareja, ya que lo ha experimentado personalmente.

Ella explica: "Es un honor traducir Desatando tu Poder porque sé que será una bendición para las mujeres, tal como lo ha sido para mí."

www.ingramcontent.com/pod-product-compliance
Lightning Source LLC
Chambersburg PA
CBHW081533120626
46550CB00009B/2706